Steuerratgeber Weinbau

Ein Leitfaden für die Praxis

Steuerratgeber Weinbau

Ein Leitfaden für die Praxis

Franz Schweiger   Karl Matthias Falb

SERVICE FACHVERLAG

Wien 1999

Die Deutsche Bibliothek – CIP Einheitsaufnahme

Steuerratgeber Weinbau : Ein Leitfaden für die Praxis /
Franz Schweiger / Karl Matthias Falb. – Wien : Service Fachverl., 1999
ISBN 3-85428-395-4

Druck: Gröbner, Oberwart
Cover: Egger & Lerch, Wien
Printed in Austria 1999

Der österreichische Weinbau ist ein Wirtschaftszweig, der in den letzten Jahren eine äußerst dynamische Entwicklung erfahren hat. Die Ausweitung der Qualitätsweinproduktion hat auch in der steigenden internationalen Reputation des österreichischen Weines ihren Niederschlag gefunden. Damit einhergegangen ist ein stetiges Ansteigen des Absatzes in den Mitgliedstaaten der Europäischen Union und zunehmend auch außerhalb. So zeigt etwa der Export in die USA eine besonders erfreuliche Entwicklung.

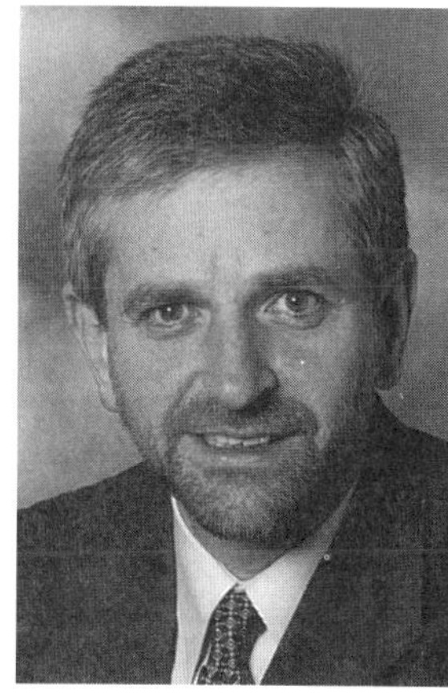

Gleichzeitig hat sich die Weinlandschaft innerhalb Österreichs verändert. Vinotheken und spezialisierte Weinfachhandelsgeschäfte oder kleine, feine Weinbars entstehen, der Lebensmitteleinzelhandel gewinnt zunehmend an Bedeutung.

Mit dieser Entwicklung einhergehend werden auch die Absatzschienen für die Winzer, die selbst vinifizieren und ihren Wein in Flaschen vermarkten immer vielfältiger. Immer mehr Winzer sind daher auch mit den unterschiedlichen steuerlichen Erfordernissen für den Verkauf an Letztverbraucher, Wiederverkäufer, Gastronomie oder beim Export konfrontiert.

Der vorliegende **„Steuerratgeber Weinbau"** faßt diese steuerlichen Rahmenbedingungen übersichtlich zusammen und wird sicherlich eine wertvolle Hilfestellung für die Winzer im Betriebsalltag geben. Es freut mich, daß in diesem Buch eine Zusammenarbeit von Steuerfachleuten und Praktikern gefunden wurde und hoffe, daß viele Winzer von diesen Informationen und Ratschlägen profitieren werden.

Mag. Willhelm Molterer

Bundesminister für Land- und Forstwirtschaft

Vorwort der Verfasser

In Österreich betreiben ca. 40.000 landwirtschaftliche Betriebe Weinbau, die meisten allerdings im Nebenerwerb. Der Weinbau in Österreich wird in eher kleinen Strukturen betrieben, nur rund 3.000 Weinbaubetriebe bewirtschaften eine Weingartenfläche von 5 Hektar oder mehr.
Im Gegensatz zu anderen europäischen Weinbaunationen wird die Weinherstellung und –vermarktung in Österreich üblicherweise vom traubenproduzierenden Landwirt selbst durchgeführt. Außerhalb Österreichs wird diese Aufgabe von eigenen Kellereien oder Genossenschaften übernommen. Aus diesem Grund ist nirgends in Europa der Anteil an Ab-Hof-Verkäufen, mit rund 50 % der gesamten Weinproduktion, so hoch wie in Österreich.
Die am 1. Jänner 1998 in Kraft getretene neue Pauschalierungsverordnung bringt für zahlreiche Weinbaubetriebe teilweise gravierende steuerrechtliche Änderungen mit sich. Diese Änderungen führen in vielen Fällen erstmals zu Einkommensteuerzahlungen.
Der große Zahl an Weinbaubetrieben und die aktuellen steuerrechtlichen Änderungen sowie die Tatsache, daß eine grundlegende und praxisorientierte Darstellung des Steuerrechts für den Weinbaubetrieb fehlt, hat uns veranlaßt, das vorliegende Buch zu schreiben. Es ist an all jene gerichtet, die Weinbau selbst betreiben, Weinprodukte vermarkten, sich mit dem Handel von Wein beschäftigen oder in anderer Weise mit dem Weinbau befaßt sind.
Die grundlegende, möglichst verständliche Darstellung des Steuerrechts für den Weinbau zwingt zum Verzicht auf die tiefergehende Erörterung vieler Einzelfragen. Darüber hinaus sind derzeit einige steuerrechtliche Änderungen zu erwarten (z.B. im Bereich Getränkesteuer, Umsatz- und Einkommensteuer), auf die wir mangels endgültiger Entscheidungen noch nicht eingehen konnten. Wir verweisen darauf, daß die Darstellungen in diesem Buch den Rechtstand Ende April 1999 wiedergeben.
Wir bedanken uns hiermit für die Unterstützung und Mithilfe, die wir bei der Erstellung dieses Buches erfahren haben: bei zahlreichen Mitarbeitern der österreichischen Finanzverwaltung und der Zollbehörden für ihre Auskünfte und Informationen, bei den zuständigen Mini-

sterien, Kammern, Gremien und Vereinen für ihre tätige Mithilfe bei der Verwirklichung, bei unseren Weinhauern, die als Testleser fungiert haben und bei den Mitarbeitern unserer Kanzlei für deren Mithilfe bei der Recherche für dieses Buch und für die Schreib- und Korrekturarbeiten. Dank gebührt auch unseren Familien, durch deren Beistand die rasche Verwirklichung der Idee zu diesem Buch erst ermöglicht wurde.

Wien, 1999

Franz Schweiger, Karl Matthias Falb
BF Consulting

Inhaltsverzeichnis

1.Einleitung

Allgemeines

Die in den letzten Jahren massiven Änderungen des Steuersystems in Österreich wurden in der Öffentlichkeit immer wieder unter den Schlagworten „Vereinfachung des Steuersystems", „Entlastung des Faktors Arbeit" oder „Ökologisierung des Steuersystems" breit diskutiert. Im Bereich der Land- und Forstwirtschaft existieren dabei seit Jahrzehnten unterschiedliche Systeme von Pauschalierungen, die in vielen Fällen dazu führten, daß keine bzw. nur geringe Beträge an Ertrag- und Umsatzsteuern bezahlt wurden.

Auch im Bereich der Besteuerung des Weinbaues war vor allem für den typischen Familienbetrieb sowie den Nebenerwerbsweinhauer eine Pauschalierung in Geltung, bei der es nur zu geringen Ertragsteuerzahlungen kam. Durch die Neuregelung der Pauschalierungsverordnung (BGBl. Nr. II 430/1997) wurde die ertragsteuerliche Behandlung von Weinbaubetrieben ab 1. Jänner 1998 entscheidend geändert. Bedingt durch diese Änderung der Ertragsteuerpauschalierung (Einkommensteuerpauschalierung) ergibt sich ab 1998 für viele Weinbaubetriebe erstmals eine Einkommensteuerzahlung. Auch bei vielen Nebenerwerbsweinhauern, die den Weinbaubetrieb neben einer nichtselbständigen Tätigkeit führen, wird die Neuregelung im Vergleich zur früheren Bestimmung doch zu erheblichen steuerlichen Belastungen führen.

Dieses Buch soll sowohl dem hauptberuflich tätigen Weinhauer, der sein Unternehmen als Familienbetrieb oder mit wenigen angestellten Dienstnehmern führt, als auch dem im Nebenerwerb tätigen Weinhauer einen Überblick über die zahlreichen steuerlichen Vorschriften geben, um ihn in die Lage zu versetzen, seine steuerlichen Pflichten richtig wahrzunehmen.

Die Ausführungen richten sich neben dem typischen Weinbaubetrieb, der als Familienbetrieb hauptsächlich Wein aus eigenerzeugten Trauben herstellt und diesen zumeist auch selbst direkt vermarktet, auch an den Weinbaubetrieb, der neben den Trauben aus eigener Erzeugung auch zugekaufte Trauben und zugekauften Wein in seinem Betrieb verarbeitet und zum Verkauf bringt, sowie an den Nebenerwerbslandwirt, der auch noch einen Buschenschank betreibt.

Sonderaspekte in Teilbereichen wie der Ab-Hof-Verkauf, der Verkauf von Sekt usw. werden ebenfalls behandelt.

Themendefinition sowie persönliche und sachliche Abgrenzung

In dieser grundlegenden Darstellung betreffend Steuern im Weinbau sollen vor allem folgende Steuern und Abgaben im Überblick dargestellt werden:

- Einkommensteuer
- Umsatzsteuer
- Verbrauchsteuern
- Getränkesteuer

Der überwiegende Teil der Ausführungen befaßt sich mit den Bereichen Einkommensteuer und Umsatzsteuer.

Methode

Neben einer kurzen grundsätzlichen Einführung in die jeweilige Thematik der angesprochenen Steuer, wird darauf Wert gelegt, auf die Besonderheiten des Weinbaus einzugehen und entsprechende Vorschläge und Lösungsmöglichkeiten darzustellen. Soweit möglich, werden die einzelnen Themen für den Leser leicht verständlich und nicht zu detailliert ausgearbeitet. Bei wichtigen Punkten wurden die Erläuterungen mit kurzen praxisnahen Beispielen und Mustern ergänzt. Dadurch soll dem Leser eine bessere Verständlichkeit und die Möglichkeit zur einfachen, praktischen Umsetzung geboten werden.

Wichtig erscheint vor allem, daß Alternativen für die einzelnen Problembereiche aufgezeigt werden und auch Gestaltungsmöglichkeiten mit entsprechenden konkret anwendbaren Tips dargestellt werden. Bei den dargestellten Gestaltungsvarianten wird besonders auf die Vor- und Nachteile der jeweiligen Variante hingewiesen.

Im Anhang finden Sie Muster von Steuererklärungsformularen, wichtige einschlägige Gesetzestexte und Verordnungen sowie Muster diverser anderer wichtiger Formulare.

Abschließend sei noch darauf hingewiesen, daß grundsätzliche steuerrechtliche Ausführungen für den Weinbau dargestellt sind und daß bei allen Gestaltungsvarianten Überlegungen zu sozialversicherungsrechtlichen Aspekten als auch zu den entsprechenden zivilrechtlichen Regelungen nicht außer acht gelassen werden dürfen.

Insbesondere die Möglichkeiten, die das Bauernsozialversicherungsgesetz bietet, bedingen es mitunter, daß steuerlich sinnvolle und vorteilhafte Gestaltungsvarianten unter Umständen, mit Einbeziehung der entsprechenden sozialversicherungsrechtlichen Auswirkungen, nicht mehr so attraktiv erscheinen. Bei einzelnen Gestaltungsvarianten wird versucht, auf diese Problematik und Besonderheit in Grundzügen hinzuweisen.

2. Einkommensteuer

Das österreichische Einkommensteuersystem ist durch zwei grundlegende Prinzipien beherrscht.

Einerseits wird das zu besteuernde Einkommen mit jeweils steigenden Steuersätzen belastet, was zum System der progressiven Einkommensteuer führt. Dahinter steht die Vorstellung, daß die Einkommensteuerbelastung für den einzelnen Steuerpflichtigen grundsätzlich unter Bedachtnahme auf seine wirtschaftliche Leistungsfähigkeit erfolgen soll. Besserverdienende sollen stärker mit Einkommensteuer belastet werden. Bei unteren Einkommensstufen erfolgt sogar die Auszahlung einer sogenannten „Negativsteuer".

Das zweite wesentliche Prinzip der österreichischen Einkommensteuer liegt in der Individualbesteuerung, das heißt, daß immer nur das persönliche Einkommen des einzelnen Steuerpflichtigen der Besteuerung zugrunde gelegt wird.

Allgemeines

Die Einkommensteuer tritt in Österreich grundsätzlich in drei verschiedenen Erhebungsformen in Erscheinung:

- Die veranlagte Einkommensteuer wird den einzelnen Gewerbetreibenden, Landwirten, selbständig Tätigen, Vermietern usw. vorgeschrieben.
- Die Lohnsteuer wird sämtlichen nichtselbständig Tätigen bereits im Rahmen ihres Dienstverhältnisses, über die Lohnverrechnung, durch ihren Dienstgeber abgezogen und vom jeweiligen Dienstgeber direkt an das Finanzamt abgeführt.
- Die Kapitalertragsteuer, die von Banken bei Einkünften aus Zinsen, Dividenden usw. einbehalten wird.

Diese drei Erhebungsformen der Einkommensteuer sind im Einkommensteuergesetz 1988 geregelt.

Gemäß § 1 Abs. 1 EStG sind nur natürliche Personen einkommensteuerpflichtig. Kapitalgesellschaften wie die Gesellschaften mit beschränkter Haftung (GmbH) und die Aktiengesellschaften (AG) unterliegen mit ihren Erträgen der Körperschaftsteuer.

Unbeschränkt einkommensteuerpflichtig sind in Österreich jene natürlichen Personen, die im Inland einen Wohnsitz oder ihren gewöhnlichen Aufenthalt haben. Diese unbeschränkte Steuerpflicht erstreckt sich grundsätzlich auf alle in- und ausländischen Einkünfte.

Jene natürlichen Personen, die im Inland weder einen Wohnsitz noch ihren gewöhnlichen Aufenthalt haben, unterliegen der sogenannten beschränkten Steuerpflicht. Darunter versteht man, daß diese Personen nur mit bestimmten in Österreich erzielte Einkommen auch in Österreich steuerpflichtig sind. Durch zwischenstaatliche Abkommen mit anderen Ländern (Doppelbesteuerungsabkommen) wird die Aufteilung der Besteuerungsrechte von Personen, die neben Österreich auch noch in anderen Ländern ansässig bzw. tätig sind, geregelt.

Einkunftsarten

Das österreichische Einkommensteuergesetz kennt sieben Einkunftsarten, die zu einer Steuerpflicht führen.

Diese sieben Einkunftsarten sind:

- Einkünfte aus Land- und Forstwirtschaft
- Einkünfte aus selbständiger Arbeit
- Einkünfte aus Gewerbebetrieb
- Einkünfte aus nichtselbständiger Arbeit
- Einkünfte aus Kapitalvermögen

- Einkünfte aus Vermietung und Verpachtung
- Sonstige Einkünfte (z.B. Spekulationsgewinne, gewisse Renten, Veräußerung bestimmter Beteiligungen)

Grundsätzlich haben Weinbaubetriebe Einkünfte aus Land- und Forstwirtschaft, möglicherweise aber auch Einkünfte aus Gewerbebetrieb. Neben diesen Einkünften sind bei Veräußerung von Liegenschaften auch sonstige Einkünfte (Spekulationsgewinne) möglich. Hat ein Weinbaubetrieb Bankguthaben, unterliegen allfällige Zinseinkünfte der Kapitalertragsteuer (Einkünfte aus Kapitalvermögen). Die kontoführende Bank zieht die Kapitalertragsteuer (KESt) bereits bei der Gutschrift der Zinsen ab. Darüber hinaus sind noch Einkünfte aus Vermietung und Verpachtung möglich.

Bei der Einstufung der Einkünfte aus Weinbau ist grundsätzlich die Bestimmung des § 21 EStG heranzuziehen. Danach sind Einkünfte aus Land- und Forstwirtschaft jene Einkünfte, die aus dem Betrieb von Landwirtschaft, Forstwirtschaft, Weinbau, Gartenbau, Obstbau, Gemüsebau und aus allen Betrieben, die Pflanzen und Pflanzenteile mit Hilfe der Naturkräfte gewinnen, erzielt werden.

Werden Einkünfte auch aus zugekauften Erzeugnissen erzielt, ist dabei insbesondere auf die Abgrenzung zum Gewerbebetrieb zu achten. Das Einkommensteuergesetz verweist bei dieser Abgrenzung zwischen land- und forstwirtschaftlichen Einkünften und Einkünften aus Gewerbebetrieb ebenso wie dann im folgenden das Umsatzsteuergesetz (§ 22 Abs. 3 UStG 1994) auf den § 30 Bewertungsgesetz (BewG).

Werden gemäß § 30 Abs. 9 BewG im Rahmen eines landwirtschaftlichen Hauptbetriebes auch Umsätze aus zugekauften Erzeugnissen erzielt, so ist ein einheitlicher landwirtschaftlicher Betrieb auch dann anzunehmen, wenn der Einkaufswert der zugekauften fremden Erzeugnisse nicht mehr als 25 % des Umsatzes dieses Betriebes beträgt.

Für den Weinbaubetrieb gibt es genau festgelegte Mengengrenzen. Ein einheitlicher, landwirtschaftlicher Betrieb liegt bei Weinbaubetrieben dann vor, wenn die Einkaufsmenge des Zukaufes nicht mehr als

2000 kg frische Weintrauben oder insgesamt 1500 l Wein aus frischen Weintrauben sowie Traubenmost, jeweils pro Hektar bewirtschafteter Betriebsfläche, beträgt.

Übersteigt der Zukauf diese Grenzen, dann liegt ein einheitlicher Gewerbebetrieb vor (§ 30 Abs. 10 BewG). Das heißt, der Weinhauer hat dann nicht mehr Einkünfte aus Land- und Forstwirtschaft, sondern Einkünfte aus Gewerbebetrieb.

Weiters gehören zu den Einkünften aus Land- und Forstwirtschaft auch jene Einkünfte aus einem entsprechenden Nebenbetrieb, der dem land- und forstwirtschaftlichen Hauptbetrieb dient. Damit führt der Verkauf der eigenen Produkte (Direktvermarktung) beim Weinbau auch in Form einer Buschenschank oder in einem eigenen Verkaufslokal nicht zu einer steuerrechtlichen Umqualifizierung des Weinbaubetriebes vom land- und forstwirtschaftlichen Betrieb in einen Gewerbebetrieb.

Der Buschenschank wird grundsätzlich als Teil des landwirtschaftlichen Hauptbetriebes anzusehen sein. Das Buffet ist mit der Buschenschank eng verbunden und wird mit dieser als Einheit gesehen. Für die Zuordnung ist die oben angesprochene 25 %ige Zukaufsgrenze vom Umsatz (Zukaufswert von alkoholfreien Getränken und Speisen bzw. allfällige Warenzukäufe) von Bedeutung. Ein Gewerbebetrieb liegt aber nicht nur bei Überschreiten der Zukaufsgrenzen vor, sondern auch dann, wenn nach den Bestimmungen der Gewerbeordnung eine Gewerbeberechtigung erforderlich ist (beispielsweise für die Verabreichung von warmen Speisen).

Auch wenn der Weinbaubetrieb als Gesellschaft geführt wird, bei der die Gesellschafter als Mitunternehmer anzusehen sind (z.B. Gesellschaft nach bürgerlichem Recht), sind die Anteile am Gewinn aus dieser Gesellschaft als Einkünfte aus Land- und Forstwirtschaft anzusehen, vorausgesetzt, daß die Gesellschaft ausschließlich land- und forstwirtschaftlich tätig ist.

Wichtig ist die Unterscheidung zwischen Einkünften aus Land- und Forstwirtschaft und Einkünften aus Gewerbebetrieb deshalb, weil die einkommensteuerliche Pauschalierung nur dann angewendet werden kann, wenn ein land- und forstwirtschaftlicher Betrieb vorliegt.

Liegt hingegen ein Gewerbebetrieb vor, ist zwingend zumindest eine Einnahmen-Ausgaben-Rechnung zu führen, unter bestimmten Voraussetzungen eine doppelte Buchführung.

Gewinnermittlungsarten

Das Einkommensteuergesetz sieht folgende Arten der Gewinnermittlung vor:

- Bilanzierung (§ 4 Abs. 1 EStG) nach den allgemeinen Grundsätzen ordnungsmäßiger Buchführung
- Bilanzierung nach § 5 EStG für im Firmenbuch eingetragene Gewerbetreibende nach den handelsrechtlichen Grundsätzen ordnungsmäßiger Buchführung
- Einnahmen-Ausgaben-Rechnung (§ 4 Abs. 3 EStG)
- Besteuerung nach Durchschnittssätzen (§ 17 EStG) - Pauschalierung

Diese Arten der Gewinnermittlung sind grundsätzlich auch für Weinbaubetriebe anzuwenden. Entsprechend ihrer Komplexität werden im folgenden Überblick die Grundzüge zu den einzelnen Arten der Gewinnermittlung dargestellt.

Bilanzierung, doppelte Buchführung

In der Bundesabgabenordnung (§§ 124 ff BAO) ist genau festgelegt, wer Bücher zu führen hat. Im § 124 BAO ist vorgeschrieben, daß derjenige, der nach Handelsrecht oder anderen gesetzlichen Vorschriften zur Führung und Aufbewahrung von Büchern oder Aufzeichnungen verpflichtet ist, diese Verpflichtungen auch im Interesse der Abgabenerhebung zu erfüllen hat. Somit sind grundsätzlich Unternehmer, die ein im Firmenbuch eingetragenes Unternehmen betreiben, zur Bilanzierung verpflichtet. Lediglich für im Firmenbuch eingetragene Erwerbsgesellschaften (OEG, KEG) bestehen Sonderbestimmungen.

Neben den im Firmenbuch eingetragenen und nach Handelsrecht buchführungspflichtigen Unternehmen sind auch jene Unternehmer zur Führung einer doppelten Buchhaltung und zur Bilanzerstellung verpflichtet, die einen Betrieb führen, dessen Umsatz in zwei aufeinander folgenden Kalenderjahren jeweils ATS 5,000.000,- überstiegen hat oder deren land- und forstwirtschaftlicher Betrieb zum 1. Jänner eines Jahres einen Wert von mehr als ATS 2,000.000,- hat.

Die Umsatzgrenze ergibt sich aus den getätigten Umsatzerlösen der jeweiligen Kalenderjahre - Inlands- und Auslandsumsätze zusammengerechnet. Umsätze aus Geschäftsveräußerungen werden beispielsweise jedoch nicht hinzugerechnet.

Der Wert für einen land- und forstwirtschaftlichen Betrieb ist der um den Wert der Zupachtungen erhöhte und um den Wert der Verpachtungen verminderte Einheitswert in seiner zuletzt maßgeblichen Höhe.

Bei Überschreiten dieser Buchführungsgrenzen tritt die Verpflichtung zur Buchführung und zur Bilanzierung aufgrund jährlicher Bestandsaufnahme (Inventur, etc.) mit Beginn des zweitfolgenden Kalenderjahres ein.

Beispiel 1: Ein pauschalierter Weinhauer hat einen Betrieb mit einem Einheitswert von ATS 800.000,-. Durch Erfolge in höherpreisigen Marktsegmenten wurden 1997 und 1998 Umsätze von jeweils über ATS 5,000.000,- erzielt. Der bisher pauschalierte Weinhauer ist damit verpflichtet, ab 1.1.2000 Bücher zu führen.

Beispiel 2: Ein pauschalierter Weinhauer erhält am 26.9.1998 einen Einheitswertsbescheid für seinen Betrieb in Höhe von ATS 2,150.000,-; erstmals mit einem Einhweitswert über ATS 2,000.000,-. Als Einheits-

wertstichtag wurde der 1.1.1998 angegeben. Da der Wert des Betriebes am nächstfolgenden 1. Jänner, dem 1.1.1999, die Buchführungsgrenze von ATS 2,000.000,- überschritten hat, ist der bisher pauschalierte Weinhauer ab 1.1.2000, dem Beginn des zweitfolgenden Jahres zur Buchführung verpflichtet.

Die Verpflichtung erlischt wieder, wenn die oben angeführten Grenzen in zwei aufeinanderfolgenden Kalenderjahren nicht überschritten werden, ab dem Beginn des darauffolgenden Kalenderjahres.

Beispiel 3: Ein buchführungspflichtiger Weinhauer hat noch 1995 einen Umsatz von ATS 6,000.000,- erzielt. Auf Grund des Ruhestandes des bisher mitarbeitenden Vaters verpachtet er ab 1. Jänner 1996 einen Teil der Weinanbauflächen. Dadurch sinkt der Umsatz des Betriebes 1996 und 1997 auf rund ATS 4,000.000,-. Der Weinhauer kann ab 1.1.1999 auf die Pauschalierung oder eine Einnahmen-Ausgaben-Rechnung wechseln.

Bei buchführungspflichtigen Unternehmen im Sinne der oben genannten Ausführungen ist der Gewinn gemäß § 4 Abs. 1 EStG der durch doppelte Buchführung zu ermittelnde Unterschiedsbetrag zwischen dem Betriebsvermögen am Schluß des Wirtschaftsjahres und dem Betriebsvermögen am Schluß des vorangegangenen Wirtschaftsjahres. Der Gewinn wird durch Entnahmen nicht gekürzt und durch Einlagen nicht erhöht.

Wichtig ist weiters im Bereich der Bilanzierung von nicht im Firmenbuch eingetragenen Unternehmen, daß nur notwendiges Betriebsvermögen in die Bilanz des Unternehmens aufgenommen werden kann.

Beispiel 4: Ein Weinhauer besitzt ein Zinshaus mit mehreren Wohneinheiten, die derzeit vermietet werden. Für den Weinbaubetrieb stellt das Zinshaus kein notwendiges Betriebsvermögen dar. Der bilanzierende Weinhauer hat dieses Zinshaus somit nicht in die Bilanz des Weinbaubetriebes aufzunehmen.

Die Gewinne oder Verluste aus der Veräußerung oder Entnahme sowie sonstige Wertänderungen von Grund und Boden, der zum Anlagevermögen gehört, sind bei der Ergebnisermittlung nicht zu berücksichtigen.

☞ Dies betrifft nur den nackten Grund und Boden.

Beispiel 5: Ein Weinhauer verkauft 1 ha Weingärten, die er vor 5 Jahren zum Preis von ATS 200.000,- gekauft hat, um ATS 300.000,-. Der Gewinn ist gesondert in der Steuererklärung als Spekulationsgewinn anzuführen (sonstige Einkünfte), da die Veräußerung innerhalb der Spekulationsfrist für Grundstücke (= 10 Jahre) erfolgt ist. Somit sind ATS 100.000,- (Verkaufserlös ATS 300.000,- abzüglich Nebenkosten, Kaufpreis ATS 200.000,-) der Einkommensteuer zu unterwerfen.

Beispiel 6: Ein nach § 4 Abs. 1 EStG bilanzierender Weinhauer verkauft 1 ha Weingärten samt Weinkeller zum Preis von ATS 1.000.000,- (ATS 300.000,- für den Weingarten und ATS 700.000,- für den Weinkeller). Der Rebenbestand hat sich zwischenzeitlich nicht verändert. Das Grundstück samt Weinkeller hat er vor 15 Jahren um ATS 200.000,- (ATS 100.000,- für den Weingarten und ATS 100.000,- für den Weinkeller) gekauft. Die Wertsteigerung des nackten Grund- und Bodens von ATS 200.000,- (Weingarten) bleibt bei der Gewinnermittlung außer Ansatz, der Wertzuwachs des Weinkellers von ATS 600.000,- ist dem Gewinn hinzuzurechnen.

Beispiel 7: Ein nach § 4 Abs. 1 EStG bilanzierender Weinhauer verkauft rund 4 ha Weingärten zum Preis von ATS 300.000,- pro ha. Die Weingärten hat er vor 18 Jahren um ATS 50.000,- pro ha gekauft und sofort neu ausgepflanzt (Kosten/ha ATS 100.000,-). Die Wertsteigerung für den nackten Grund und Boden muß nicht versteuert werden, wohl aber eine allfällige Wertsteigerung, die durch die Rebstöcke erzielt wird. Es wird in diesem Beispiel davon ausgegangen, daß keine Wertsteigerungen den Rebstöcken zuzurechnen sind, der Gewinn ist zur Gänze dem nackten Grund und Boden zuzuordnen. Der Veräußerungsgewinn ist damit nicht zu versteuern.

Würden die Verkäufe in den Beispielen 6 und 7 nicht durch einen Weinbaubetrieb, der nach § 4 Abs. 1 EStG seinen Gewinn ermittelt (oder auch Einnahmen-Ausgaben-Rechner bzw. pauschalierter Weinbaubetrieb), sondern durch einen § 5 EStG Gewinnermittler (z.B. im Firmenbuch eingetragene WeinproduktionsGmbH) erfolgen, wären immer alle Gewinne steuerpflichtig; entstehende Veräußerungsverluste wären jedoch auch steuerlich abzugsfähig.

Grundsätzlich muß jeder Steuerpflichtige eine Vermögensübersicht (Jahresabschluß, Bilanz) nach den allgemeinen Grundsätzen ordnungsmäßiger Buchführung erstellen. Ein solcher Jahresabschluß muß, auch wenn er nur aufgrund von steuerlichen Vorschriften zu erstellen ist, in Anlehnung an die Regelungen des Handelsgesetzbuches erstellt werden. Der für steuerliche Zwecke zu erstellende Jahresabschluß besteht dabei grundsätzlich aus der Bilanz und der Gewinn- und Verlustrechnung.

Muster für eine Bilanz sowie eine Gewinn- und Verlustrechnung für einen typischen Weinbaubetrieb sind in den Beispielen 8 und 9 dargestellt.

Weinbaubetriebe, die zur Buchführung und Bilanzerstellung verpflichtet sind oder freiwillig eine doppelte Buchführung mit Bilanzerstellung führen, dürfen ein vom Kalenderjahr abweichendes Wirtschaftsjahr haben. In diesem Fall richtet sich der Zeitraum, für den der Gewinn ermittelt wird, nicht nach dem Kalenderjahr, sondern nach dem vom Steuerpflichtigen festgelegten abweichenden Wirtschaftsjahr (z.B. 1.7. eines Jahres bis 30.6. des Folgejahres).

Ein abweichendes Wirtschaftsjahr ist nur dann möglich, wenn es sich um buchführende Land- und Forstwirte oder protokollierte (= im Firmenbuch eingetragene) Gewerbetreibende handelt. Ein nicht im Firmenbuch eingetragener Weinbaubetrieb, der beispielsweise durch Überschreitung der Zukaufsgrenzen nicht als land- und forstwirt-

Beispiel 8: Bilanz

Weingut Friedrich Muster
3525 Oberloiben, Kellergasse 9

Bilanz zum 31.Dezember 1998

AKTIVA

	S	S	Vergleichs-zahlen 1997 TS
A. Anlagevermögen			
I. Immaterielle Vermögensgegenstände			
Konzessionen, gewerbliche Schutzrechte und ähnliche Rechte und Vorteile sowie daraus abgeleitete Lizenzen	50.000,00		45
		50.000,00	45
II. Sachanlagen			
1. bebaute Grundstücke und Bauten auf fremden Grund	121.812,00		0
2. unbebaute Grundstücke	50.000,00		0
3. Maschinen und maschinelle Anlagen	569.812,47		0
4. Werkzeuge, Betriebs- und Geschäftsausstattung	125.666,10		0
		867.290,57	873
		917.290,57	**918**
B. Umlaufvermögen			
I. Vorräte			
1. Roh-, Hilfs- und Betriebsstoffe	10.375,25		5
2. fertige Erzeugnisse und Waren	223.573,70		198
		233.948,95	203
II. Forderungen und sonstige Vermögensgegenstände			
1. Forderungen aus Lieferungen und Leistungen	352.261,12		320
2. sonstige Forderungen und Vermögensgegenstände	65.852,22		62
		418.113,34	382
III. Kassenbestand, Guthaben bei Banken		200.580,21	168
		852.642,50	**753**
C. Rechnungsabgrenzungsposten		**12.814,00**	**11**
		1.782.747,07	**1.682**

PASSIVA

	S	S	Vergleichs-zahlen 1997 TS
A. Eigenkapital			
I. Stammkapital		500.000,00	500
II. Bilanzgewinn		202.736,31	20
		702.736,31	**520**
B. unversteuerte Rücklagen			
sonstige unversteuerte Rücklagen	186.521,00	186.521,00	175
		186.521,00	**175**
C. Rückstellungen			
sonstige Rückstellungen	80.000,00		75
		80.000,00	**75**
D. Verbindlichkeiten			
1. Verbindlichkeiten gegenüber Banken	612.280,41		704
2. Verbindlichkeiten aus Lieferungen und Leistungen	65.589,25		68
3. sonstige Verbindlichkeiten	135.620,10		140
		813.489,76	**912**
		1.782.747,07	**1.682**

Beispiel 9: Gewinn- und Verlustrechnung

Gewinn- und Verlustrechnung für 1998

				Vorjahr in rd.
		S	S	S 1000
1.	Umsatzerlöse		2.600.000,00	905
2.	Materialaufwand und Aufwendungen für bezogene Leistungen		-625.000,00	-230
3.	Personalaufwand			
a)	Löhne	-280.000,00		-80
b)	Gehälter	-168.000,00		-60
c)	Aufwendungen für gesetzlich vorgeschriebene Sozialabgaben sowie vom Entgelt abhängige Abgaben und Pflichtbeiträge	-140.000,00		-27
d)	sonstige Sozialaufwendungen	-8.000,00		0
			-596.000,00	-167
4.	Abschreibungen		-263.220,00	-120
5.	Sonstige betriebliche Aufwendungen			
a)	Steuern, soweit sie nicht unter Steuern vom Einkommen und vom Ertrag fallen	-80.000,00		-40
b)	Übrige	-777.100,00		-420
			-857.100,00	-460
6.	**Betriebserfolg =** Zwischensumme aus Z 1 bis 5		**258.680,00**	**48**
7.	Zinserträge, Wertpapiererträge und ähnliche Erträge		5.000,00	0
8.	Zinsen und ähnliche Aufwendungen		-36.736,82	-28
9.	**Finanzerfolg**		**-31.736,82**	**-28**
10.	**Ergebnis der gewöhnlichen Geschäftstätigkeit**		**226.943,18**	**20**
11.	Steuern vom Einkommen und Ertrag		0,00	0
12.	**Jahresüberschuß**		**226.943,18**	**20**
13.	Zuweisung zu unversteuerten Rücklagen		-24.206,87	0
14.	**Bilanzgewinn**		**202.736,31**	**20**

schaftlicher Betrieb sondern als Gewerbebetrieb anzusehen ist, kann kein abweichendes Wirtschaftsjahr zur Ermittlung seiner Einkünfte wählen.

Grundsätzlich ist die Umstellung eines Wirtschaftsjahres auf einen anderen Stichtag nur dann zulässig, wenn das Finanzamt der Umstellung vorher bescheidmäßig zugestimmt hat. Das Finanzamt muß einem solchen Antrag jedoch dann zustimmen, wenn gewichtige betriebliche Gründe vorliegen. Die Erzielung ausschließlich eines Steuervorteils gilt nicht als gewichtiger betrieblicher Grund. Bei Weinbaubetrieben ist aber beispielsweise eine einfachere Bestandsaufnahme oder mehr Zeit für die Erstellung des Jahresabschlusses in den Sommermonaten als gewichtiger betrieblicher Grund anzusehen.

Grundlagen der Bilanzierung

Beim Betriebsvermögensvergleich (Bilanzierung) wird das sogenannte Eigenkapital, das ist der Saldo der Aktiva und Passiva in der Bilanz, mit dem Eigenkapital des Vorjahres verglichen, der Differenzbetrag zwischen diesen beiden Größen ist der Gewinn oder Verlust des jeweiligen Jahres. Schematisch ist eine Bilanz folgendermaßen aufgebaut:

Aktiva	**Passiva**
Anlagevermögen	Eigenkapital
	(unversteuerte) Rücklagen
Umlaufvermögen	Rückstellungen
	Verbindlichkeiten
Aktive Rechnungsabgrenzungsposten	Passive Rechnungsabgrenzungsposten
Bilanzsumme	**Bilanzsumme**

Im Anlagevermögen sind jene Wirtschaftsgüter auszuweisen, die dazu bestimmt sind, dem Betrieb auf Dauer zu dienen. Mit „auf Dauer" ist ein Zeitraum, der länger als ein Jahr ist, gemeint. Das Anlagevermögen kann abnutzbar (Kellereimaschinen, Traktor, Keller, LKW, Weingarten-Bepflanzung) oder nicht abnutzbar (Grund und Boden) sein. Bei abnutzbarem Anlagevermögen kann die Vornahme einer Absetzung für Abnutzung (Abschreibung) gewinnmindernd geltend gemacht werden. Bei nicht abnutzbarem Anlagevermögen kommt allenfalls eine Teilwertabschreibung (= außerplanmäßige Abschreibung) in Betracht. Eine solche Teilwertabschreibung auf den nackten Grund und Boden ist außer bei dem nach § 5 EStG ermittelnden Unternehmen steuerlich nicht relevant.

Im Umlaufvermögen sind jene Wirtschaftsgüter auszuweisen, die dazu bestimmt sind, nicht dauerhaft dem Unternehmen zu dienen. Im Weinbaubetrieb sind beispielsweise der Weinbestand, die Forderungen gegenüber Kunden, Guthaben bei Banken oder ein allfälliger Kassenbestand im Umlaufvermögen auszuweisen.

Der Ausweis im Anlage- oder im Umlaufvermögen hängt nicht vom jeweiligen Wirtschaftsgut sondern von der Zweckbestimmung des Wirtschaftsgutes im Unternehmen ab. In einem Weinbaubetrieb wird beispielsweise der Traktor als Anlagevermögen auszuweisen sein, in einem Landmaschinenhandelsbetrieb wird derselbe Traktor im Umlaufvermögen auszuweisen sein, weil er Handelsware und nicht Anlagevermögen darstellt.

Unter den Rücklagen werden steuerliche Sonderpositionen ausgewiesen. Solche steuerfreien Rücklagen sind vor allem für Neuanschaffungen von Anlagegütern möglich. Hier ist beispielsweise der Investitionsfreibetrag (6 % oder 9 % der Anschaffungskosten) eines neuen Anlagegegenstandes auszuweisen. Der Investitionsfreibetrag (IFB) ist eine Begünstigung, die zusätzlich zur Abschreibung steuerlich genutzt werden kann. Als Voraussetzung für die Inanspruchnahme des Investitionsfreibetrages, muß das Wirtschaftsgut eine mindestens 4jährige Nutzungsdauer haben. Für gewisse Anlagegüter darf kein Investitionsfreibetrag gebildet werden (IFB-Übersicht siehe Tabelle).

Investitionsfreibetrag § 10 EStG	(Teil-)Anschaffungs- oder (Teil-)Herstellungskosten bzw. nachträgliche Anschaffungs- oder Herstellungskosten fallen an
Körperliche Wirtschaftsgüter	ab 1.1.1998
Bewegliche Anlagegüter ungebraucht	9 %
Bewegliche Anlagegüter gebraucht[1])	9 %
Gebäudeherstellung (unmittelbar für den Betriebszweck oder für Betriebsangehörige als Dienstwohnung) Baubeginn ab 1.5.1996	9 % oder 12 %[2])
Gebäudeanschaffung (unmittelbar für den Betriebszweck oder für Betriebsangehörige als Dienstwohnung)	9 %
Kraftfahrzeuge allgemein[3])	6 %
LKW und Busse	6 %
Unkörperliche Wirtschaftsgüter	
Rechte auf entgeltliche Nutzung von Wirtschaftsgütern (ausgenommen Lizenzen, Software und andere gewerbliche Schutzrechte)	0 %
Lizenzen, Software und andere gewerbliche Schutzrechte sowie unkörperliche Wirtschaftsgüter, die keine Nutzungsrechte begründen,	
Allgemein	6 %
Zur entgeltlichen Überlassung bestimmt	0 %
im Konzern angeschafft	0 %

[1]) Soweit nicht ein IFB-Ausschluß gegeben ist, z.B. bei „Sale and Lease (bzw. Sale) Back" oder im Rahmen eines Konzerns.

[2]) Für Assanierungen in Assanierungsgebieten nach dem Stadterneuerungsgesetz gilt der Satz von 12 % für Anschaffungs- oder Herstellungskosten, die nach dem 30. April 1996 und vor dem 1.1.2001 anfallen.

[3]) Bei PKW, Kombis und Motorrädern ist ein IFB nur für Fahrschulfahrzeuge oder für Kraftfahrzeuge, die mindestens 80 % der gewerblichen Personenbeförderung oder der gewerblichen Vermietung dienen, möglich. Seit der Veranlagung 1996 ist der Kreis der IFB-fähigen Klein-LKW und Klein-Busse eingeschränkt (siehe VO BGBl 1996/273).

Beispiel 10: Der Kaufpreis samt Nebenkosten einer neuen Weinpresse beträgt ATS 580.000,-. Die Nutzungsdauer der Maschine beträgt 20 Jahre. Die Anschaffung und die Inbetriebnahme erfolgen im August 1998.

Berechnung des Investitionsfreibetrages (IFB): 580.000,- x 9 % = 52.200,-

Der Betrag von ATS 52.200,- mindert den steuerpflichtigen Gewinn und wird in der Bilanz als sonstige unversteuerte Rücklage (z.B. Investitionsfreibetrag § 10 EStG aus 1998) ausgewiesen.

Für die gesetzliche Mindestbehaltefrist von 4 Jahren, gerechnet ab dem der Anschaffung oder Herstellung folgenden Wirtschaftsjahr, ist der IFB weiter unter den unversteuerten Rücklagen auszuweisen.

Nach dem Ende der Behaltefrist wird der IFB steuerfrei auf das Eigenkapitalkonto oder auf eine als versteuert geltende Rücklage übertragen.

Scheidet das Wirtschaftsgut (in diesem Beispiel die Weinpresse), für das der IFB in Anspruch genommen worden ist, vor Ablauf der Behaltefrist aus dem Anlagevermögen aus (z.B. durch Verkauf), ist der IFB gewinnerhöhend aufzulösen und nachzuversteuern; ausgenommen das Wirtschaftsgut scheidet durch höhere Gewalt oder behördlichen Eingriff (z.B. Totalschaden, Enteignung) aus.

Beispiel 11: Ein LKW wird um ATS 500.000,- angeschafft. Die Nutzungsdauer = Abschreibungsdauer beträgt 5 Jahre. Anschaffung und Inbetriebnahme erfolgen im März 1996 (Wirtschaftsjahr = Kalenderjahr).

Die Abschreibung beträgt 1996 bis 2000 jährlich ATS 100.000,-. Es wird ein IFB von 6% = ATS 30.000,- in Anspruch genommen. Im März 1999 wird der LKW wieder verkauft. Der Verkaufspreis beträgt ATS 250.000,-.

Der Buchwert zum Veräußerungszeitpunkt errechnet sich wie folgt:

Anschaffungspreis	*500.000,-*
- Abschreibung 1996	*- 100.000,-*
- Abschreibung 1997	*- 100.000,-*
- Abschreibung 1998	*- 100.000,-*
- Abschreibung 1999 Halbjahr	*- 50.000,-*
Buchwert März 1999	*+ 150.000,-*
Veräußerungserlös	*250.000,-*
Differenz zum Buchwert = stille Reserven	*+ 100.000,-*

Die Differenz zum Buchwert des LKW (= stille Reserven) erhöht den Gewinn und muß versteuert werden. Da der LKW vor dem Ablauf der 4jährigen Behaltefrist verkauft worden ist, muß auch der in Anspruch genommene IFB in der Höhe von ATS 30.000,- versteuert werden.

Rückstellungen sind Posten der Passivseite, die für ernsthaft drohende, tatsächlich aber noch nicht eingetretene Verbindlichkeiten anzusetzen sind. Rückstellungen dienen dazu, eine periodenmäßig richtige Gewinnermittlung durchzuführen. Folgende Rückstellungen, die im Weinbaubetrieb vorkommen können, sind auch steuerlich zulässig:

- Anwartschaften auf Abfertigungen (Abfertigungsrückstellung, § 14 EStG)
- laufende Pensionen oder Anwartschaften auf Pensionen (Pensionsrückstellung § 14 EStG)
- Rückstellungen für noch ungewisse Verbindlichkeiten. Das sind solche, die entweder dem Grunde oder der Höhe nach ungewiß sind, deren Anfall aber wahrscheinlich ist (Rückstellung für Gewährleistungen, Prozeßkostenrückstellung, Rückstellung für Provisionsverpflichtungen, Rückstellung für Steuerberatungskosten usw.)

Als Verbindlichkeiten werden auf der Passivseite jene Schulden ausgewiesen, die dem Grunde und der Höhe nach sicher sind. Als Verbindlichkeiten sind im Weinbaubetrieb insbesondere Verbindlichkeiten gegenüber Lieferanten, dem Finanzamt, der Gebietskrankenkasse usw. denkbar.

Ansatz von Grund und Boden

Der wichtigste Unterschied im Bereich der Gewinnermittlung durch Betriebsvermögensvergleich (Bilanzierung) zwischen einem im Firmenbuch eingetragenen Unternehmen, das Einkünfte aus Gewerbebetrieb erzielt (einem sogenannten § 5 EStG Gewinnermittler) und einem Weinbaubetrieb, der entweder aufgrund der oben genannten Umsatz- bzw. Einheitswertgrenzen zur Buchführung verpflichtet ist oder freiwillig eine Bilanz erstellt, ist der, daß beim sogenannten § 5 EStG Gewinnermittler Wertänderungen des Grund und Bodens, der zum betrieblichen Anlagevermögen gehört, berücksichtigt werden. Gewinne bzw. Verluste, die aus Wertänderungen von Grund und Boden resultieren, sind bei der Gewinnermittlung zu berücksichtigen und erhöhen bzw. reduzieren die Steuerbemessungsgrundlage.

Beispiel 12: Eine im Firmenbuch eingetragene Weinhandels-GmbH (§ 5 EStG Gewinnermittler) kauft im Jahr 1985 ein unbebautes Grundstück um ATS 500.000,- und errichtet darauf um ATS 2,000.000,- eine Lagerhalle. In den folgenden Jahren steigt der Umsatz stark an, so daß die Weinhandels-GmbH mangels weiterer Ausbaumöglichkeiten gezwungen ist, in ein neues, größeres Lagergebäude zu übersiedeln und die Liegenschaft samt der Halle zu veräußern. Rund um die Lagerhalle wurden im Zuge von Flächenumwidmungen in den letzten Jahren massiv Einfamilienhäuser gebaut. Die Halle selbst ist deshalb nicht mehr veräußerbar, sie muß abgerissen werden. Der nackte Grund und Boden kann um ATS 5,000.000,- verkauft werden. Der volle Gewinn aus der Veräußerung ist bei der Weinhandels-GmbH steuerpflichtig.

Der gleiche Gewinn aus der Veräußerung wäre bei einem Weinbaubetrieb, der seinen Gewinn als Bilanzierer (gemäß § 4 Abs. 1 EStG) ermittelt, nicht steuerpflichtig, da die Wertsteigerung des Grundes bei der Gewinnermittlung außer Ansatz bleibt. Da auch sonst kein Steuertatbestand vorliegt (der Spekulationstatbestand bei der Veräußerung von

Liegenschaften innerhalb von 10 Jahren trifft aufgrund der mehr als 10jährigen Behaltezeit nicht zu), wäre der volle Gewinn steuerfrei.

Ein Unternehmer, der seinen Gewinn gemäß § 4 Abs. 1 EStG ermittelt, kann sowohl Gewinne als auch Verluste, die durch Wertsteigerungen bzw. Wertminderungen von Grund und Boden entstehen, nicht berücksichtigen.

Das hat insbesondere dann Nachteile, wenn z.B. ein bisher als Bauland gewidmeter Weingarten in Grünland rückgewidmet wird und dadurch Wertverluste bei einer Veräußerung entstehen. Diese Verluste vermindern nicht den steuerlichen Gewinn, da beim bilanzierenden Land- und Forstwirt, Gewinne oder Verluste, die auf nackten Grund und Boden entfallen, steuerlich nicht berücksichtigt werden dürfen.

Wertänderungen, die nicht den nackten Grund und Boden betreffen sind jedoch steuerrelevant. Nicht zum nackten Grund und Boden gehören beispielsweise Holzbezugsrechte, Jagdrechte und Teilwaldrechte. Auch die Rebstöcke und das Unterstützungsmaterial eines Weingartens gehören nicht zum nackten Grund und Boden.

ABC der Betriebsausgaben im Weinbaubetrieb

Im folgenden wird die steuerliche Behandlung jener Betriebsausgaben dargestellt, die insbesondere im Weinbaubetrieb anfallen.

- Abfertigung

  Erfolgt die Zahlung einer Abfertigung bei Auflösung eines Dienstverhältnisses aufgrund gesetzlicher oder kollektivvertraglicher Vorschriften, wird der Abfertigungsbetrag grundsätzlich mit maximal 6% besteuert. Bei relativ geringem Einkommen ist eine Reduktion der Steuerzahlung möglich.

Freiwillige Abfertigungen, die aufgrund eines einzelnen Arbeitsvertrages oder einer besonderen Vereinbarung ausbezahlt werden, sind bis zu einer Höhe von einem Viertel der laufenden Bezüge der letzten zwölf Monate ebenfalls nur mit 6% zu versteuern. Darüber hinaus ist in Abhängigkeit von der Dauer der Dienstzeit und der ausbezahlten gesetzlichen Abfertigung, die freiwillige Abfertigung mit 6 % oder voll einkommensteuerpflichtig.

Abfertigungszahlungen sind grundsätzlich als Lohnaufwand Betriebsausgabe. Erhält der Abgefertigte im Zeitpunkt der Auszahlung der Abfertigung den Betrieb unentgeltlich übertragen (z.B. der bisher angestellte Sohn als Betriebsnachfolger), ist eine begünstigte Abfertigungszahlung nicht möglich.

- Ablösezahlung

Ablösen zur Freimachung eines Gebäudes von Bestandsrechten sind auf das Gebäude zu aktivieren und daher nicht sofort absetzbar (z.B. Ablösezahlungen für ein Wohnrecht).

- Absetzung für Abnutzung

Wirtschaftsgüter, deren Verwendung oder Nutzung sich auf einen Zeitraum von mehr als einem Jahr erstreckt (abnutzbares Anlagevermögen), sind entsprechend ihrer betriebsgewöhnlichen Nutzungsdauer abzuschreiben. Die Anschaffungs- oder Herstellungskosten des abnutzbaren Gutes sind gleichmäßig auf die Verwendungs- oder Nutzungsdauer verteilt abzuschreiben. Die Abschreibung beginnt mit der Nutzung (Inbetriebnahme) des Wirtschaftsgutes, nicht bereits mit der Anschaffung. Nach § 7 Abs. 2 EStG kann der ganze auf ein Jahr entfallende Betrag abgesetzt werden, wenn das Wirtschaftsgut länger als sechs Monate im Wirtschaftsjahr genutzt wird, ansonsten nur die Hälfte. Bei Betriebsgebäuden der Land- und Forstwirte ist eine Abschreibung von 4% möglich, ohne daß die tatsächliche Nutzungsdauer nachgewiesen werden muß (§

8 Abs. 1 EStG). Folgende Nutzungsdauern können im Normalfall der Abschreibung zugrunde gelegt werden, wobei jedoch im Einzelfall Abweichungen möglich sind:

Wirtschaftsgut	Abschreibungsdauer in Jahren
Weinkeller	25
Preßhaus	25
Weinpumpen	15
Plattenfilter	20
Kieselgurfilter	15
Schläuche und Armaturen	15
Flaschenwaschmaschinen	15
Flaschensterilisierungsgeräte	20
Abfüllgeräte	20
Verkorkgeräte	20
Etikettiermaschinen	15
Weinpressen	20
Traktoren	15 – 20
Anhänger	20
Frontlader	10 – 12
Hubstapler	10 – 12
Weinbaugrubber	8
Mineraldüngerstreuer	8
Gebläsespritzen	8
Schlegelhäcksler	8
Mulchgeräte	10
Stockräumgeräte	10
Weinlaubschneider	10
Nirosta-Traubenlesewagen	15
Maischewagen	15
Traubenvollernter	8
Hochdruckreiniger	8
Büroeinrichtung	10
Computer/EDV-Anlagen	4
LKW	5
PKW	8
Weinfässer	25
Weingartenbepflanzung	25 – 30

- Arbeitsessen siehe „Bewirtung"

- Arbeitskleidung

Der Aufwand für typische Arbeitskleidung und bloße Arbeitsschutzbekleidung ist steuerlich abzugsfähig, dabei genügt bereits eine überwiegend berufliche Verwendung.

Trachtenanzüge und Dirndlkleider im Buschenschank sind nicht als typische Berufskleidung anzusehen, weil eine private Nutzung nicht ausgeschlossen ist.

- Arbeitslohn

Lohnzahlungen und ähnliche Entgelte für betrieblich veranlaßte Arbeitsleistungen sind Betriebsausgaben. Ebenso sind zusätzliche freiwillige Sozialleistungen des Arbeitgebers als Lohnaufwand abzugsfähig.

Bestehen Verträge zwischen Familienangehörigen werden sie nur dann steuerlich anerkannt, wenn sie
a) nach außen hin zum Ausdruck kommen (auch gegenüber dem Finanzamt),
b) einen klaren und deutlichen Inhalt haben und
c) einem Fremdvergleich standhalten.

Wird das Entgelt zu niedrig bemessen, besteht die Gefahr, daß das Finanzamt familienhafte Mithilfe annimmt und das Dienstverhältnis und die Aufwendungen dafür nicht anerkennt.

- Arbeitszimmer

Kosten für ein im Wohnungsverband gelegenes Arbeitszimmer sind nur mehr in wenigen Fällen abzugsfähig.

Ist das Arbeitszimmer (Büro) hingegen im Keller bzw. Verkaufsgebäude integriert, sind die entsprechenden Aufwendungen als Betriebsausgaben steuerlich abzugsfähig.

- Auspflanzungskosten

Die Kosten für Rebstöcke, Unterstützungsmaterial, Bewässerung usw., die bei der Auspflanzung von Weingärten anfallen, sind grundsätzlich zu aktivieren und über die betriebsgewöhnliche Nutzungsdauer des Weingartens abzuschreiben. Nachpflanzungen einzelner Weinstöcke aufgrund von Schäden (Frost, Dürre, Hagel,..) stellen aber als Ausgabe der Instandhaltung sofort eine Betriebsausgabe dar.

- Beratungsaufwand

Aufwendungen für laufende Beratung im Zusammenhang mit dem Betrieb (z.B. Rechtsanwaltskosten, Steuerberatungskosten) sind Betriebsausgaben. Auch Beratungsaufwand im Zusammenhang mit der Betriebsübergabe ist steuerlich abzugsfähig.

- Bewirtung

Bewirtungsaufwand ist grundsätzlich nur dann zu Gänze abzugsfähig, wenn der Aufwand

in unmittelbarem Zusammenhang mit einem Leistungsaustausch steht oder unmittelbarer Bestandteil davon ist (z.B. Verpflegung

im Rahmen eines Seminares, wenn der Seminarpreis die Verpflegung beinhaltet),
- überwiegenden Entgeltcharakter hat (z.B. Finanzierung einer Reise als Belohnung eines Geschäftsfreundes; ist bei diesem dann allerdings als Betriebseinnahme zu behandeln) und
- nur unwesentlichen Repräsentationscharakter hat.

Beispiele für Bewirtung mit nur unwesentlichem Repräsentationscharakter
Verkostung der selbst erzeugten oder vertriebenen Produkte auch anläßlich von Messen und Betriebseröffnungen
Bewirtung im Rahmen von Betriebsbesichtigungen
Bewirtung im Rahmen von Schulungen und Fortbildungsveranstaltungen von Händlern, Handelsvertretern und von Mitarbeitern (z.B. Techniker) von Geschäftspartnern
Aufmerksamkeiten in geringem Umfang, wie z.B. Imbisse und Erfrischungen anläßlich von Firmenjubiläen und anderen Anlässen

Bewirtungsaufwand ist zur Hälfte (50 %) abzugsfähig, wenn bei der Bewirtung die Werbewirksamkeit im Vordergrund steht und der repräsentative Teil untergeordnet ist.

Beispiele für zu 50 % abzugsfähige Bewirtungsaufwendungen
Bewirtung zur Anbahnung von Geschäften
Bewirtung bei geschäftlichen Besprechungen
Bewirtung von Geschäftsfreunden
Bewirtung bei werbewirksamen Betriebseröffnungen, soweit sie nicht Produktverkostungen sind (dann 100 % abzugsfähig)
Bewirtungen bei Informationsveranstaltungen und Pressekonferenzen

Nicht abzugsfähig sind Bewirtungskosten insbesondere dann, wenn sie überwiegend der Repräsentation dienen (z.B. Besuch von Vergnügungsetablissements, Bewirtung anläßlich von persönlichen Anlässen).

- Bürgschaften

Aufwendungen im Zusammenhang mit einer Bürgschaft sind nur dann steuerlich abzugsfähig, wenn das Eingehen der Bürgschaft betrieblich veranlaßt ist.

- Computer

Aufwendungen im Zusammenhang mit der Anschaffung und Abschreibung eines Computers bzw. EDV-Anlage (auch Zubehör) sind Betriebsausgaben, soweit eine betriebliche Verwendung gegeben ist. Das wird dann anzunehmen sein, wenn das Gerät am Betriebsort des Unternehmens eingesetzt wird. Ist die Anlage in der Wohnung des Steuerpflichtigen aufgestellt, ist das Ausmaß der betrieblichen Nutzung nachzuweisen.

- Diebstahl

Durch Diebstahl hervorgerufene Minderungen des Betriebsvermögens sind grundsätzlich Betriebsausgaben. Ein Warendiebstahl wirkt sich bei Einnahmen-Ausgaben-Rechnung nicht unmittelbar aus, weil bereits die Bezahlung der Waren ausgabenwirksam ist. Bei Gelddiebstahl ist die eindeutige Zuordnung der gestohlenen Geldmittel zum Betriebsvermögen Voraussetzung zur Abzugsfähigkeit.

- Erhaltungsaufwendungen für Gebäude und Maschinen

Der Erhaltungsaufwand (Instandhaltungs- und Instandsetzungsaufwand) dient dazu, Wirtschaftsgüter, wie Gebäude oder Maschinen, in einem ordnungsmäßigen Zustand zu erhalten oder diesen wieder herzustellen. Der Erhaltungsaufwand kann im Jahr der Aufwendung in voller Höhe gewinnmindernd geltend gemacht werden. Ausgenommen davon sind Instandsetzungsaufwendungen für Gebäude, die an nicht betriebszugehörige Personen vermietet werden. Diese sind grundsätzlich zu aktivieren und auf 10 Jahre verteilt abzuschreiben.

- Fachliteratur

Aufwendungen für Fachliteratur, die im Zusammenhang mit der betrieblichen Sphäre stehen, sind als Betriebsausgaben absetzbar. Allgemeinbildende Nachschlagwerke und Tageszeitungen sind nicht als Fachliteratur steuerlich absetzbar.

- Fahrtkosten

Aufwendungen für betrieblich veranlaßte Fahrten sind im tatsächlichen Umfang Betriebsausgaben. Dabei ist die Wahl des Verkehrsmittels dem Steuerpflichtigen selbst überlassen. Es muß nicht unbedingt das billigste Verkehrsmittel sein.

- Finanzierungskosten

Zinsen für betrieblich veranlaßte Kredite sind als Betriebsausgaben abzugsfähig. Betragen die Kreditbereitstellungsprovisionen, Gebühren usw. im Zusammenhang mit einer Kreditaufnahme mehr als die Freigrenze von ATS 12.000,-, müssen diese steuerlich aktiviert und auf die Laufzeit des Kredites verteilt abgesetzt werden.

Beispiel 13: Wird ein Kredit in Höhe von ATS 3,000.000,- mit einer Laufzeit von 10 Jahren für einen Kellerneubau aufgenommen und fallen dafür 1 % Kreditbereitstellungprovision (= ATS 30.000,-) und 0,8 % Kreditvertragsgebühr (= ATS 24.000,-) an, insgesamt somit ATS 54.000,-, können pro Jahr ATS 5.400,- als Betriebsausgabe geltend gemacht werden.

- Geschenke

Geschenke sind als „Repräsentationsaufwand" grundsätzlich keine Betriebsausgaben, ausgenommen es liegt weitaus überwiegend Werbeaufwand vor. Dies wird angenommen, wenn es sich um Massengeschenke handelt, die mit dem Firmennamen versehen sind. Sachgeschenke für Dienstnehmer sind als Lohnaufwand Betriebsausgabe.

- Kraftfahrzeuge

Steht das Kraftfahrzeug wegen ausschließlicher oder überwiegend betrieblicher Verwendung im Betriebsvermögen des Steuerpflichtigen, können nur die tatsächlichen Kosten abgesetzt werden (kein Kilometergeld). Schäden aufgrund höherer Gewalt, die sich im Rahmen der betrieblichen Verwendung ereignen, können als Betriebsausgaben geltend gemacht werden, soweit der Schaden nicht durch eine Versicherung gedeckt ist. Bei privater Mitbenutzung ist der Aufwand um den privat genutzten Anteil zu kürzen.

Gehört das Fahrzeug zum Privatvermögen des Steuerpflichtigen, können für betrieblich veranlaßte Fahrten Kilometergelder als Betriebsausgaben abgezogen werden. Über die betrieblich veranlaßten Fahrten sind in Form eines ordnungsgemäßen Fahrtenbuches Aufzeichnungen zu führen. Das amtliche Kilometergeld für Pkw beträgt derzeit ATS 4,90 pro Kilometer.

- Kellereiaufwand

Flaschen, Korke, Etiketten, Weinbehandlungsmittel usw. sind als Betriebsausgaben im Jahr des Aufwandes abzugsfähig.

- Krankheitskosten

Krankheitskosten sind grundsätzlich als Kosten der Lebensführung anzusehen. Aufwendungen im Zusammenhang mit Krankheiten können nur dann als Betriebsausgaben geltend gemacht werden, wenn ein unmittelbarer Zusammenhang zwischen Krankheit und Beruf besteht (z.B. nach einem Arbeitsunfall im Betrieb).

- Mieten

Mietaufwendungen und Leasingraten für betrieblich genutzte Wirtschaftsgüter sind grundsätzlich Betriebsausgaben. Im Falle einer teilweisen Privatnutzung ist ein Privatanteil auszuscheiden.

- Mitgliedsbeiträge

Die Beiträge für die freiwillige Mitgliedschaft bei Berufs- und Wirtschaftsverbänden sind abzugsfähig, wenn sich die Verbände mit der Wahrnehmung der betrieblichen und beruflichen Interessen befassen und die Beiträge in angemessener und statutenmäßig festgesetzter Höhe abgesetzt werden.

- Provisionen, Honorare

Soweit Provisionen im Zusammenhang mit einer betrieblichen Tätigkeit anfallen, stellen sie Betriebsausgaben dar.

- Prozeßkosten

Kosten eines betrieblich bedingten Zivilprozesses sind Betriebsausgaben. Kosten eines gerichtlichen oder verwaltungsbehördlichen Strafverfahrens sind nur dann Betriebsausgaben, wenn es zu keinem Schuldspruch kommt oder wenn nur ein geringes Verschulden vorliegt. Allfällige Geldstrafen sind dann als Betriebsausgabe abzugsfähig ist. Dies gilt auch für die Anwaltskosten und Beratungskosten, die in Zusammenhang mit diesen Verfahren stehen.

- Reisekosten

Kosten, die mit einer betrieblich veranlaßten Fortbewegung des Unternehmers unmittelbar zusammenhängen (z.B. Bahnkarte) sind stets abzugsfähig. Liegt eine „Reise" vor, wofür die Zurücklegung einer größeren Entfernung von der Betriebsstätte notwendig ist (Richtwert: 25 km einfache Fahrstrecke), ist auch ein Mehraufwand für Verpflegung und Unterkunft, das sogenannte Taggeld (derzeit ATS 360,- pro Tag innerhalb Österreichs) als Betriebsausgabe anzusetzen.

- Rentenzahlungen

Werden für einen Betrieb einzelne Wirtschaftsgüter oder der gesamte Betrieb gegen Kaufpreisrente erworben, so ist die Kaufpreisschuld zu passivieren. Die Rentenzahlungen stellen Betriebsausgaben dar. Die Rentenzahlung ist dabei jährlich neu zu bewerten.

- Repräsentationsaufwendungen

Darunter fallen insbesondere Ausgaben anläßlich der Bewirtung von Geschäftsfreunden. Nur wenn die Bewirtung der Werbung dient und die betriebliche oder berufliche Veranlassung weitaus überwiegt sind derartige Ausgaben abzugsfähig (siehe „Bewirtung").

- Schadenersatz

Betrieblich veranlaßte Schadenersatzleistungen, die auf ein allenfalls fahrlässiges Fehlverhalten des Unternehmers zurückzuführen sind (z.B. wegen Fristversäumnis eines Rechtsvertreters), sind als Betriebsausgaben absetzbar. Ein vorsätzliches Fehlverhalten schließt den Betriebsausgabenabzug jedenfalls aus.

- Schadensfälle

Scheidet ein Wirtschaftsgut, das zum Betriebsvermögen gehört, durch einen Schadensfall aus dem Betriebsvermögen aus, dann ist der Restbuchwertes dieses Gutes gewinnmindernd geltend zu machen.

- Sozialversicherungsbeiträge

Beiträge zur Pflichtversicherung in der gesetzlichen Kranken-, Unfall- und Pensionsversicherung , sowie freiwillige Beiträge zu einer inländischen gesetzlichen Krankenversicherung für Steuerpflichtige, die nicht pflichtversichert sind, sind als Betriebsausgaben anzusehen.

- Spenden, Sponsorzahlungen

Spenden sind als freiwillige Zuwendungen grundsätzlich nicht abzugsfähig. Davon ausgenommen sind Spenden an bestimmte begünstigte Organisationen.

Davon zu unterscheiden sind Sponsorzahlungen, die im Rahmen des Werbeaufwandes absetzbar sind, sofern die Werbeleistung als angemessene Gegenleistung anzusehen ist. Das ist aber nur dann der Fall, wenn die Gegenleistung des Empfängers geeignet ist, eine entsprechende Werbewirkung zu entfalten.

- Steuerberatungskosten siehe „Beratungsaufwand"

- Steuern

Als Betriebsausgaben sind nur Betriebssteuern (z.B. Kommunalsteuer, Dienstgeberbeitrag zur Sozialversicherung, Grundsteuer für Betriebsgebäude) abzugsfähig. Auch die Umsatzsteuer ist dem Grunde nach eine Betriebssteuer, doch wird sie in der Regel erfolgsneutral behandelt, da sie als Vorsteuer vom Finanzamt zurückgefordert werden kann.

- Spritzmittel

Ausgaben für Spritzmittel stellen Betriebsausgaben dar, da sie unmittelbar betrieblich veranlaßt sind und der Produktion des Betriebes dienen.

- Strafen

Geldstrafen, die über einen Unternehmer in einem gerichtlichen oder verwaltungsbehördlichen Verfahren verhängt werden, sind grundsätzlich keine Betriebsausgaben. Ausnahmsweise können sie abzugsfähig sein, wenn sie vom Nachweis eines Verschuldens unabhängig oder nur auf ein geringes Verschulden zurückzuführen sind. Polizeiliche Verwaltungsstrafen stellen eventuell Betriebsausgaben dar (z.B. Falschparken bei Zustellungen).

- Telefon

Kosten für betrieblich veranlaßte Telefonate sind im tatsächlichen Umfang als Betriebsausgaben absetzbar.

Kosten privater Telefonanschlüsse können nur in dem Ausmaß, in dem diese auch tatsächlich betrieblich genutzt werden, anteilig steuerlich geltend gemacht werden.

- Trinkgelder

Trinkgelder sind grundsätzlich nur dann Betriebsausgaben, wenn der Steuerpflichtige auf dem Beleg das Datum, den Empfänger, den Betrag und den Verwendungszweck vermerkt.

- Versicherungen

Prämienzahlungen zu betrieblich veranlaßten Versicherungen sind Betriebsausgaben (z.B. Hagelversicherung, Brandschadenversicherung für ein Betriebsgebäude). Prämien für eine Lebensversicherung sind als Sonderausgaben abzugsfähig.

- Weinpräsentation

Aufwendungen für Weinpräsentationen (Verkostungen) sind zur Gänze als Betriebsausgabe abzugsfähig (siehe auch „Bewirtung“).

- Werbung

  Aufwand für betriebliche Werbung ist grundsätzlich Betriebsausgabe (siehe auch „Repräsentationsaufwendungen").

- Zinsen

  Zinsen für betriebliche Verbindlichkeiten (z.B. Kreditzinsen für die Anschaffung von Betriebsvermögen) sind Betriebsausgaben. Wird Betriebsvermögen, das mit Fremdmitteln angeschafft oder hergestellt worden ist, entnommen, so verlieren die weiteren Zinszahlungen die Abzugsfähigkeit.

Einnahmen-Ausgaben-Rechnung

Bei der Einnahmen-Ausgaben-Rechnung wird das Ergebnis als Überschuß der Betriebseinnahmen über die Betriebsausgaben ermittelt. Eine Einnahmen-Ausgaben-Rechnung darf dann als Instrument der Gewinnermittlung herangezogen werden, wenn keine der oben angeführten gesetzlichen Verpflichtungen zur Buchführung besteht und Bücher auch nicht freiwillig geführt werden.

Hinsichtlich der Einnahmen und Ausgaben ist zu beachten, daß sie steuerlich erst in dem Zeitpunkt relevant werden, wenn tatsächlich die Zahlung geleistet wird. Im Gegensatz zur Bilanzierung, wo bereits mit der Rechnungslegung durch den Lieferanten der Aufwand geltend gemacht werden kann und der Ertrag bereits im Zeitpunkt der Rechnungslegung an den Kunden anfällt, ist bei der Einnahmen-Ausgaben-Rechnung die Einnahme bzw. die Ausgabe erst im Zeitpunkt des tatsächlichen Geldflusses anzusetzen. Damit kann innerhalb der einzelnen Perioden der Gewinnermittlung eine Ergebnisverschiebung entstehen, betrachtet man jedoch die gesamte Lebensdauer des Unternehmens, kommt man zum gleichen Gesamtergebnis.

Bei der Erfassung des Anlagevermögens besteht kein Unterschied zwischen Einnahmen-Ausgaben-Rechnung und Bilanzierung. Gegenstände des Anlagevermögens mit Anschaffungs- oder Herstellungskosten über ATS 5.000,- sind grundsätzlich zu aktivieren. Über das Anlagevermögen hat auch der Einnahmen-Ausgaben-Rechner ein Anlagenverzeichnis zu führen. Als Betriebsausgabe ist nur die entsprechende Abschreibung abzugsfähig.

Der wesentliche Unterschied zur Bilanzierung besteht darin, daß Betriebsausgaben erst bei der Bezahlung und nicht bereits bei Entstehen der Schuld abzugsfähig sind. Der Einkauf von Waren kann bei Führung einer Einnahmen-Ausgaben-Rechnung bereits im Zeitpunkt der Bezahlung voll als Betriebsausgabe geltend gemacht werden. Ein bilanzierendes Unternehmen muß hingegen, so lange die Waren beispielsweise noch nicht verbraucht oder weiterverkauft worden sind, im Rahmen der Erstellung des Jahresabschlusses in der Bilanz einen Posten Warenlager mit dem Wert der zum Bilanzstichtag vorrätigen Waren ansetzen. Durch den Zukauf von Ware kurz vor dem Bilanzstichtag kann somit der Einnahmen-Ausgaben-Rechner sein Ergebnis beeinflussen. Der bilanzierende Unternehmer muß hingegen durch die gleichzeitige Erhöhung der Inventur diesen Einkauf in diesem Jahr aufwandsneutral behandeln.

Damit ist der Einnahmen-Ausgaben-Rechner in der Lage, durch gezielten Einkauf von Waren allfällige Gewinne in nachfolgende Jahre zu verschieben.

Beispiel 14: Ein Weinhauer hat am 23.12.1998 10 hl Wein zum Preis von ATS 15,- je Liter zugekauft. Der Wein wird noch am selben Tag angeliefert und vom Weinhauern sofort bezahlt. Im folgenden Jahr wird der Wein in Bouteillen abgefüllt und verkauft.

Ist der Weinhauer Einnahmen-Ausgaben-Rechner, vermindert der Weinzukauf bereits im Zeitpunkt der Bezahlung den Gewinn. Das Jahresergebnis wird bereits 1998 um ATS 15.000,- schlechter.

Summe Einnahmen minus Ausgaben bis 22.12.1998	*+ 110.000,-*
Weinzukauf 23.12.1998 (=Ausgabe)	*- 15.000,-*
Gewinn 1998	*95.000,-*

Wird der Wein vom Einnahmen-Ausgaben-Rechner erst im folgenden Jahr bezahlt, vermindert der Weinzukauf auch erst im folgenden Jahr - der Zeitpunkt der Zahlung ist maßgeblich – den Gewinn.

Ist der Weinhauer ein bilanzierender Unternehmer, erhöht sich der Bestand an Weinvorräten um ATS 15.000,-, im selben Ausmaß in dem der Zukauf den Aufwand erhöht, somit bleibt der Gewinn im Jahr 1998 unverändert, unabhängig davon, ob der Weinzukauf bereits 1998 oder später bezahlt wird.

Ergebnis Gewinn- und Verlustrechnung bis 22.12.1998	*+ 110.000,-*
- Weinzukauf 23.12.1998 (=Aufwand)	*- 15.000,-*
+ Erhöhung Bestand an Vorräten	*+ 15.000,-*
Gewinn 1998	*110.000,-*

Die Umsatzsteuer kann beim Einnahmen-Ausgaben-Rechner wahlweise entweder als durchlaufender Posten steuerlich neutral behandelt werden – die Einnahmen und die Ausgaben sind dann jeweils mit dem Nettobetrag anzusetzen – oder die Einnahmen und Ausgaben werden mit den Bruttobeträgen angesetzt – die an das Finanzamt gezahlte Umsatzsteuer ist dann als Ausgabe zu behandeln. Allfällige Rückvergütungen vom Finanzamt sind als Einnahme zu behandeln.

Beispiel 15: Auszug aus einer Netto-Einnahmen-Ausgaben-Rechnung

15.04. Weinverkauf netto (exkl. USt.)	*85.000,-*
23.04. Spritzmittel netto (exkl. USt.)	*- 23.415,-*
04.05. Weinverkauf netto	*13.550,-*
20.06. Diesel für Traktor netto	*- 800,-*

Beispiel 16: Auszug aus einer Brutto-Einnahmen-Ausgaben-Rechnung

15.04. Weinverkauf brutto (inkl. 12 % USt.)	*95.200,-*
23.04. Spritzmittel brutto (inkl. 20 % USt.)	*- 28.098,-*
04.05. Weinverkauf (inkl. 20 % USt.)	*16.260,-*
15.05. Umsatzsteuerzahlung 1. Quartal	***- 8.952,-***
20.06. Diesel für Traktor (inkl. 20 % USt.)	*- 960,-*

Nachteile der Einnahmen-Ausgaben-Rechnung

Im Rahmen der Einnahmen-Ausgaben-Rechnung kann zwar, wie bereits oben angeführt, das Ergebnis durch Bezahlung bzw. Nichtbezahlung von Rechnungen beeinflußt werden, negativ wirkt sich jedoch beispielsweise aus, daß ein Einnahmen-Ausgaben-Rechner keine Rückstellungen geltend machen kann. Zudem kann der Einnahmen-Ausgaben-Rechner kein abweichendes Wirtschaftsjahr beantragen. Ein weiterer wesentlicher und oft übersehener Nachteil besteht auch darin, daß bei Führung einer Einnahmen-Ausgaben-Rechnung allfällige Verluste nur in den ersten drei Jahren als Anlaufverluste ausgleichs- und vortragsfähig sind. Später sind dann allfällige auftretende Verluste nur mehr mit Gewinnen aus anderen Einkunftsarten des jeweiligen Veranlagungszeitraumes ausgleichsfähig.

Entsteht z.B. im 10ten Jahr des Bestehens eines Weinbaubetriebes ein Verlust, und hat der Unternehmer keinerlei sonstige Einkünfte, geht dieser Verlust für steuerliche Zwecke endgültig verloren. Im Fall der Gewinnermittlung durch doppelte Buchführung und Bilanzerstellung besteht hingegen die Möglichkeit des Verlustvortrages und Ausgleiches entstandener Verluste mit Gewinnen in den Folgejahren.

Beispiel 17: Ein Weinbaubetrieb, der seit mehr als 30 Jahren besteht, weist im Jahr 1997 in seiner Einnahmen-Ausgaben-Rechnung wegen massiver Ernteausfälle und gleichzeitig hohen Werbeausgaben einen Verlust von ATS 120.000,- aus. Im Jahr 1998 hat der Weinhauer wieder Gewinne in der Höhe von ATS 180.000,-.

Die Verluste von 1997 können nicht mit den Gewinnen des Folgejahres ausgeglichen werden. Im Jahr 1998 sind die vollen ATS 180.000,- zu versteuern.

Würde derselbe Weinbaubetrieb seine Gewinne im Rahmen einer doppelten Buchhaltung mit Bilanzerstellung ermitteln, könnte er die Verluste aus dem Jahr 1997 vortragen und mit den Gewinnen aus 1998 ausgleichen. Der zu versteuernde Gewinn errechnet sich wie folgt:

Jahresverlust 1997	*ATS 120.000,-*
Jahresgewinn 1998	*ATS 180.000,-*
Steuerbasis 1998	*ATS 60.000,-*

Die Einnahmen-Ausgaben-Rechnung ist somit im Vergleich mit der Bilanzierung durchaus auch mit Nachteilen behaftet.

☞ Vor allem in Jahren mit höheren Investitionen oder höheren laufenden Aufwendungen für Werbung usw. sowie in Jahren mit schlechteren Ernten und niedrigerem Umsatz kann es durchaus vorkommen, daß Verluste auftreten. Ebenso können insbesondere bei stark wachsenden Weinbaubetrieben Verluste durch ständig steigende Warenlager entstehen. In diesen Fällen geht bei Führung einer Einnahmen-Ausgaben-Rechnung der Verlustvortrag endgültig verloren.

Da die Einnahmen-Ausgaben-Rechnung vom Steuergesetzgeber lediglich als vereinfachte Form der Gewinnermittlung angeboten wird, kann jeder Weinbaubetrieb freiwillig den Betriebsvermögensvergleich (Bilanzierung) mit doppelter Buchführung wählen. Im Falle von zwischenzeitlichen Verlusten ist das auf alle Fälle anzuraten.

Pauschalierung

Die Pauschalierung stellt eine vereinfachte Form der Gewinnermittlung dar. Durch den § 17 EStG wird dem Bundesminister für Finanzen die Möglichkeit gegeben, per Verordnung für bestimmte Gruppen von

Steuerpflichtigen Durchschnittssätze für die Ermittlung des Gewinnes aufzustellen.

Diese Durchschnittssätze sind aufgrund von Erfahrungen über die wirtschaftlichen Verhältnisse bei der jeweiligen Gruppe von Steuerpflichtigen festzusetzen. Solche Durchschnittssätze sind nur dann zulässig, wenn weder eine Buchführungspflicht besteht noch ordnungsmäßige Bücher oder Aufzeichnungen freiwillig geführt werden, die eine Gewinnermittlung nach § 4 EStG (Bilanzierung oder Einnahmen-Ausgaben-Rechnung) ermöglichen. Ist der Steuerpflichtige im Firmenbuch eingetragen und damit bereits nach handelsrechtlichen Vorschriften zur (doppelten) Buchführung und Bilanzierung verpflichtet, kann er seinen Gewinn nicht mittels Pauschalierung ermitteln. Diese Möglichkeit besteht auch dann nicht, wenn der Steuerpflichtige nach den Bestimmungen des § 125 BAO zur doppelten Buchführung verpflichtet ist.

Ist der Steuerpflichtige weder nach handelsrechtlichen noch nach steuerrechtlichen Vorschriften zur doppelten Buchführung und Bilanzierung verpflichtet, führt er diese jedoch freiwillig, dann kann die Pauschalierung nicht angewendet werden. Führt der Steuerpflichtige eine vollständige Einnahmen-Ausgaben-Rechnung, darf ebenfalls die Pauschalierung nicht angewendet werden. Nach einer Entscheidung des Verwaltungsgerichtshofes (VwGH vom 23.10.1990, 90/01/169) ermöglichen Aufzeichnungen, die ausschließlich für Umsatzsteuerzwekke geführt werden, keine Gewinnermittlung nach § 4 Abs. 1 EStG.

Im Bereich des Weinbaus war aufgrund der oben angeführten Verordnungsermächtigung bis einschließlich 1997 folgende Regelung in Kraft:

Für Weinbaubetriebe, deren Weingartenfläche nicht mehr als 60 Ar beträgt, war der Gewinn aus Weinbau pauschal zu ermitteln (Vollpauschalierung). Entsprechend der Verordnung war als Gewinn 31 % des Einheitswertes des land- und forstwirtschaftlichen Vermögens (unter Hinzurechnung der Einheitswertanteile der Zupachtungen und Abzug der Einheitswertanteile der Verpachtungen) anzusetzen. Bei einer

Weingartenfläche, die größer als 60 Ar war, war der Gewinn durch Einnahmen-Ausgaben-Rechnung zu ermitteln.

Gewinne aus Buschenschank und Bouteillenweinverkauf waren auch dann im Wege der Einnahmen-Ausgaben-Rechnung zu ermitteln, wenn die Weingartenfläche kleiner als 60 Ar war. Im Rahmen dieser Einnahmen-Ausgaben-Rechnung waren als Einnahmen sämtliche im betreffenden Kalenderjahr tatsächlich erzielten Einnahmen einschließlich der Umsatzsteuer und sonstigen Abgaben für Wein, Weintrauben, Maische und Traubenmost anzusetzen.

Subventionen aus öffentlichen Mitteln sind bei der Ermittlung der Einnahmen grundsätzlich ebenfalls zu berücksichtigen. Die steuerliche Behandlung ist abhängig von der jeweiligen Förderung. Laufende Ausgleichszahlungen sind beispielsweise als Einnahmen zu behandeln. Zuwendungen aus öffentlichen Mitteln zur Anschaffung, Herstellung oder Instandsetzung von Wirtschaftsgütern des Anlagevermögens sind gemäß § 3 Abs. 1 Z 6 EStG steuerfrei.

Neben den oben angeführten Erlösen waren auch der Eigenverbrauch (Je nach Weinbaugebiet sind die Eigenverbrauchswerte im Weinbaugebiet 1 mit ATS 7,- je Liter Wein, im Weinbaugebiet 2 mit ATS 6,- je Liter Wein und im Weinbaugebiet 3 mit ATS 5,- je Liter anzusetzen.), Einnahmen aus dem Verkauf von selbsterzeugten Weinbrand (nicht Obstbrand), Hagelentschädigungen aber auch Erlöse aus Anlagenverkäufen anzusetzen. Wichtig ist, daß sämtliche Einnahmen einschließlich Umsatzsteuer, Getränkesteuer und solange diese noch in Geltung waren, einschließlich Alkoholsteuer und Weinsteuer anzugeben waren. Von diesen aufzuzeichnenden Einnahmen waren dann die pauschalen Betriebsausgaben in Form von Erzeugungskosten (Gestehungskosten) je Hektar weinbaulich genutzter Grundfläche abzuziehen.

Die Weinbaugebiete waren jeweils im Anhang zu den Pauschalierungsverordnungen geregelt. Die Weinbaugebiete waren dabei nach Bundesland, Gerichtsbezirken und Ortschaften zugeordnet. Die Einordnung erfolgte aufgrund der unterschiedlichen Lage der Weingärten, um den unterschiedlichen Produktionsbedingungen Rechnung zu tragen. Wichtig war nicht der Ort der Hauptbetriebsstätte, des Weinkellers, sondern die Lage des jeweiligen Weingartens. Als Betriebsausgaben je Hektar weinbaulich genutzter Fläche waren je nach Weinbaugebiet anzusetzen:

Weinbaugebiet 1	ATS 60.000,- pro Hektar
Weinbaugebiet 2	ATS 55.000,- pro Hektar
Weinbaugebiet 3	ATS 50.000,- pro Hektar

Diese als Gestehungskosten pauschal abzusetzenden Betriebsausgaben je Hektar weinbaulich genutzter Grundfläche (der Weingarten mußte lediglich ausgepflanzt sein, er mußte jedoch nicht ertragsfähig sein), deckte die „Gestehungskosten" bei der Faßweinproduktion ab. Neben diesen pauschalen Betriebsausgaben je Hektar weinbaulich genutzter Fläche, konnten auch noch die mit dem Verkauf von Wein in Flaschen und im Buschenschank verbundenen Ausgaben gesondert abzusetzt werden. Für diese, mit dem Verkauf von Wein in Flaschen verbundenen Ausgaben, wurden von der Finanzlandesdirektion Wien, Niederösterreich und Burgenland Richtwerte festgelegt. Insbesondere waren folgende Flaschenfüllkosten, Containerfüllkosten, Buschenschankspesen und Zustellkosten steuerlich abzugsfähig:

Flaschenfüllkosten in ATS je Liter, die als Betriebsausgabe abgezogen durften:

Inhalt	mit Flaschenbeistellung	ohne Flaschenbeistellung
0,35 l	24,-	13,-
0,7 l	14,-	11,-
1 l	9,-	7,-
2 l	7,--	5,--

Als Containerfüllkosten waren ATS 2,- je Liter abzugsfähig, wobei als Container ein Behälter von 15 bis 50 Liter anzusehen war.

Darüber hinaus konnte bei der Auslieferung von Wein an Wiederverkäufer, an eigene Ausgabestellen bzw. an Letztverbraucher, das amtliche Kilometergeld als Zustellkosten im Rahmen der Betriebsausgaben abgezogen werden, wenn bei der Zustellung mindestens 200 Liter Wein zugestellt wurden. Die Eintragung der Zustellung war im Kellerbuch anzumerken. Weiters war ein Fahrtenbuch zu führen.

Im Bereich des Buschenschanks konnten pauschal Buschenschankspesen pro Liter ausgeschenktem Wein abgezogen werden:

Hilfskräfte und Musikdarbietung	**ATS**
Ohne fremde Hilfskräfte und ohne Musik	7,-
Ohne fremde Hilfskräfte und mit Musik	8,-
mit mehr als 2 fremden Hilfskräften und ohne Musik	12,-
mit mehr als 2 fremden Hilfskräften oder Musik	16,50
mit mehr als 2 fremden Hilfskräften und mit Musik	19,50

Als Musikdarbietungen waren keine Radio- oder Plattendarbietungen anzusehen. Zusätzlich zu diesen pauschalen Buschenschankspesen pro Liter ausgeschenkten Wein, waren die Wareneinkaufskosten für Mineralwasser oder Fruchtsäfte, für Speisen, Buffet- und Rauchwaren, AKM-Beiträge sowie sonstige Betriebsausgaben, wie beispielsweise die Abschreibung für das Anlagevermögen, in der tatsächlichen Höhe abzugsfähig.

Wurden die im Buschenschank zum Verkauf gelangenden Weine in Flaschen abgefüllt, so konnten zur Abgeltung des Mehraufwandes weiters pauschale Betriebsausgaben in Höhe von ATS 4,50 je Liter neben den Erzeugungskosten und allgemeinen Buschenschankausgaben als Betriebsausgabe abgezogen werden.

Weiters konnten noch die an das Finanzamt abzuführende Umsatzsteuer, die Getränkesteuer und die Alkoholabgabe als Betriebsausgabe abgezogen werden. Zusätzlich konnten Ausgedingslasten, bezahlte Pachtzinse, bezahlte Schuldzinsen, geleistete Sozialversicherungsbeiträge und Beiträge zum Ausgleichsfonds für Familienbeihilfe gewinnmindernd geltend gemacht werden. Darüber hinaus waren auch noch außergewöhnliche Ernteschäden abzugsfähig.

Im Rahmen einer neuen Pauschalierungsverordnung (Verordnung des Bundesministers für Finanzen über die Aufstellung von Durchschnittssätzen für die Ermittlung des Gewinnes aus Land- und Forstwirtschaft, BGBl II 1997/430 vom 30.12.1997), die seit 1.1.1998 in Kraft ist, wurde die Pauschalierung im Bereich des Weinbaus grundlegend geändert.

Gemäß § 4 der Pauschalierungsverordnung ist der Gewinn aus Weinbau (Wein, Weintrauben, Maische, Traubensaft, Traubenmost und Sturm sowie alkoholfreie Getränke und Speisen im Rahmen des Buschenschankes) durch Einnahmen-Ausgaben-Rechnung gesondert zu ermitteln.

Bei Weinbaubetrieben mit weniger als 60 Ar weinbaulich genutzter Grundfläche, kann die gesonderte Ermittlung des Gewinnes aus Weinbau unterbleiben, ausgenommen Buschenschank und Bouteillenweinverkauf. Diese Bestimmung hat somit keine Änderung erfahren.

Nach wie vor ist der Gewinn grundsätzlich durch Einnahmen-Ausgaben-Rechnung zu ermitteln. Als Einnahmen gelten, wie bereits oben im Detail angeführt, sämtliche im Rahmen des Weinbaubetriebes erzielten Einnahmen einschließlich Umsatzsteuer und Getränkesteuer.

Die wesentlichsten Unterschiede und Änderungen der alten zur neuen, seit 1.1.1998 gültigen Pauschalierungsverordnung sind im Bereich der Betriebsausgaben zu finden. Nunmehr können die Betriebsausgaben mit einem Durchschnittssatz von 70 % der Betriebseinnahmen (einschließlich Umsatzsteuer) mindestens aber mit ATS 60.000,- pro Hektar weinbaulich genutzter Grundfläche angesetzt werden. Es wurde somit die Einteilung in Weinbaugebiete und die Staffelung allfälliger Gestehungskosten abgeschafft. Die bisher zusätzlich möglichen pauschalen Ausgaben für den Verkauf von Wein, wie Flaschenfüllkosten oder Zustellkosten, sind ab 1998 nicht mehr im Rahmen der Pauschalierung abzugsfähig. Zusätzlich abzugsfähig sind nur der Wert der

Pauschalierung im Weinbau	
bis 31.12.1997[1])	ab 1.1.1998[1])
Einnahmen	**Einnahmen**
Weinverkauf (inkl. Umsatzsteuer)	Weinverkauf (inkl. Umsatzsteuer)
Förderungen (soweit nicht Investitionszuschuß)	Förderungen (soweit nicht Investitionszuschuß)
Gebindeverrechnung[2]	Gebindeverrechnung[2])
Sonstige Einnahmen (Miete, Pacht, Anlagenverkäufe, etc.)	Sonstige Einnahmen (Miete, Pacht, Anlagenverkäufe, etc.)
Ausgaben	**Ausgaben**
Pro Hektar weinbaulich genutzter Fläche im Weinbaugebiet 1 ATS 60.000,-, im Weinbaugebiet 2 ATS 55.000,- und im Weinbaugebiet 3 ATS 50.000,-	70 % der Einnahmen (inkl. Umsatzsteuer), **mindestens** ATS 60.000,- pro Hektar weinbaulich genutzter Fläche
Abzuführende Umsatz- und Getränkesteuer	**kein** Abzug der abzuführenden Umsatz- und Getränkesteuer
Ausgaben, die mit dem Verkauf von Wein in Flaschen (z.B. Zukauf, Flaschenfüllkosten, Zustellkosten, Km-Gelder) und im Buschenschank verbunden sind.	**kein** Abzug der Ausgaben, die mit dem Verkauf von Wein in Flaschen und im Buschenschank verbunden sind
Außergewöhnliche Ernteschäden[3])	Außergewöhnliche Ernteschäden[3])
Bezahlte Pachtzinse	Bezahlte Pachtzinse
Kreditzinsen	Kreditzinsen
Ausgedingslasten (Geld- und Sachleistungen)	Ausgedingslasten (Geld- und Sachleistungen)
Sozialversicherungsbeiträge	Sozialversicherungsbeiträge
Beiträge zum Ausgleichsfond für Familienbeihilfen	Beiträge zum Ausgleichsfond für Familienbeihilfen

[1]) Wenn die weinbaulich genutzte Fläche 60 Ar nicht übersteigt, kann die gesonderte Ermittlung des Gewinnes aus Weinbau unterbleiben. Gewinne aus Buschenschank und Bouteillenweinverkauf sind durch Einnahmen-Ausgaben-Rechnung gesondert zu ermitteln.

[2]) Gebinde (z.B. Flaschen, Fässer) sind nur dann extra hinzuzurechnen, wenn die Gebinde gesondert in Rechnung gestellt werden.

[3]) Die festgestellte ertragsmindernde Schadensumme kann vom Gewinn dann abgezogen werden, wenn eine Abweichung von mehr als 25 % des sonst im Durchschnitt der Jahre erzielten Normalertrages vorliegt und keine entsprechende Berücksichtigung im Einheitswert stattgefunden hat.

Ausgedingslasten, Sozialversicherungsbeiträge und Beiträge zum Ausgleichsfonds für Familienbeihilfen des Steuerpflichtigen sowie bezahlte Pachtzinse und Schuldzinsen. Bestehende Ausgedingslasten in Form von Sachleistungen sind entweder pauschal für jede Person mit ATS 9.000,- jährlich anzusetzen oder in Höhe der nachgewiesenen oder glaubhaft gemachten Höhe zu berücksichtigen.

Die neue Form der Pauschalierung ist entsprechend der Verordnung vorerst bis 1999 in Kraft.

Wechsel zwischen den Gewinnermittlungsarten

Zwischen den oben angeführten verschiedenen Arten der Gewinnermittlung ist entweder ein zwangsweiser Wechsel (z.B. bei Überschreiten der Buchführungsgrenzen) oder ein freiwilliger Wechsel möglich.

Solange keine Buchführungspflicht besteht, steht es dem Weinbaubetrieb frei, welche Art der Gewinnermittlung er wählt. Bei nicht buchführungspflichtigen Weinbaubetrieben ist ein Wechsel zwischen den Gewinnermittlungarten jederzeit möglich, wenn kein Mißbrauch vorliegt. Bindungfristen bei der Wahl einer Gewinnermittlungsart gibt es nicht. Folgende Wechsel zwischen den Gewinnermittlungsarten sind grundsätzlich möglich:

- Wechsel von der Bilanzierung zur Einnahmen-Ausgaben-Rechnung
- Wechsel von der Einnahmen-Ausgaben-Rechnung zur Bilanzierung
- Wechsel von der Einnahmen-Ausgaben-Rechnung zur Pauschalierung
- Wechsel von der Pauschalierung zur Einnahmen-Ausgaben-Rechnung
- Wechsel von der Pauschalierung zur Bilanzierung
- Wechsel von der Bilanzierung zur Pauschalierung

Um beim Wechsel zwischen den Gewinnermittlungsarten zu vermeiden, daß bestimmte Veränderungen des Betriebsvermögens (Betriebseinnahmen, Betriebsausgaben) nicht oder doppelt berücksichtigt werden, ist durch Zu- oder Abschläge ein Übergangsgewinn oder –verlust zu ermitteln. Je nach Art des Wechsels ist beispielsweise der Weinvorrat als Zuschlag (Übergangsgewinn etwa beim Wechsel von der Einnahmen-Ausgaben-Rechnung zur Bilanzierung) oder als Abschlag (Übergangsverlust etwa beim Wechsel von der Bilanzierung zur Einnahmen-Ausgaben-Rechnung) zu berücksichtigen.

Der Übergangsgewinn ist bei der Ermittlung des Ergebnisses des ersten Gewinnermittlungszeitraumes nach dem Wechsel in voller Höhe hinzuzurechnen. Übergangsverluste können dagegen nur zu je einem Siebentel in den nächsten sieben Gewinnermittlungszeiträumen abgezogen werden. Ein allfälliger freiwilliger Wechsel der Gewinnermittlungsart sollte daher gut überlegt werden, vor allem auch im Hinblick auf einen späteren eventuell zwangsweisen Wechsel wegen Überschreiten von Buchführungsgrenzen. Planungsrechnungen, die die aus einem Wechsel zu erwartenden Folgen aufzeigen, sollten durchgeführt werden.

Steuertarife, Absetzbeträge

Im österreichischen Einkommensteuerrecht steigt die prozentuelle Steuerbelastung entsprechend dem Einkommen. Derzeit sind 5 Tarifstufen mit den folgenden Steuersätzen in Geltung

Steuerbasis	Prozentsatz
bis 50.000,-	10 %
50.001,- bis 150.000,-	22 %
150.001,- bis 300.000,-	32 %
300.001,- bis 700.000,-	42 %
über 700.000,-	50 %

Aus der Tarifstruktur des österreichischen Einkommensteuerrechts errechnen sich beispielsweise für Einkommen von ATS 300.000,- pro Jahr bzw. ATS 800.000,- pro Jahr folgende Steuerbelastungen:

Beipiel 18: Steuerberechnung

Einkommen: *300.000,00*

		Steuersatz in Prozent	Steuerbasis	Steuerbetrag
Steuerberechnung:	*für die ersten S 50.000*	*10,00*	*50.000*	*5.000,00*
	für die weiteren S 100.000	*22,00*	*100.000*	*22.000,00*
	für die weiteren S 150.000	*32,00*	*150.000*	*48.000,00*
	für die weiteren S 400.000	*42,00*	*0*	*0,00*
	für alle weiteren Beträge	*50,00*	*0*	*0,00*
			300.000	*75.000,00*
	allgemeiner Steuerabsetzbetrag			*5.893,33*
				69.106,67
	§ 33 (7) EStG			*0,00*
	Steuerbetrag			***69.106,67***
	durchschnittliche Steuerbelastung			***23,04%***

Einkommen: *800.000,00*

		Steuersatz in Prozent	Steuerbasis	Steuerbetrag
Steuerberechnung:	*für die ersten S 50.000*	*10,00*	*50.000*	*5.000,00*
	für die weiteren S 100.000	*22,00*	*100.000*	*22.000,00*
	für die weiteren S 150.000	*32,00*	*150.000*	*48.000,00*
	für die weiteren S 400.000	*42,00*	*400.000*	*168.000,00*
	für alle weiteren Beträge	*50,00*	*100.000*	*50.000,00*
			800.000	*293.000,00*
	allgemeiner Steuerabsetzbetrag			*0,00*
				293.000,00
	§ 33 (7) EStG			*0,00*
	Steuerbetrag			***293.000,00***
	durchschnittliche Steuerbelastung			***36,63%***

Neben dieser progressiven Tarifstruktur sind von der berechneten Steuer Steuerabsetzbeträge abzuziehen. So beträgt beispielsweise der allgemeine Absetzbetrag ATS 8.840,-, übersteigt das steuerpflichtige Einkommen jedoch ATS 200.000,-, ist bis zu einem Betrag von ATS 500.000,- eine Einschleifregelung zu berücksichtigen. Weiters können bei der Ermittlung des steuerpflichtigen Einkommens Alleinverdiener-/Alleinerzieherabsetzbetrag in Höhe von ATS 5.000,- sowie entsprechende Kinderabsetzbeträge bzw. Unterhaltsabsetzbeträge abgezogen werden. Der Alleinverdienerabsetzbetrag steht dann zu, wenn der

(Ehe-) Partner ohne Kind nicht mehr als ATS 30.000,- pro Jahr steuerpflichtiges Einkommen hat oder mit einem Kind maximal ATS 60.000,- pro Jahr verdient.

Bei einem bestehenden Dienstverhältnis (Einkünfte aus nichtselbständiger Arbeit) stehen zusätzlich noch der Verkehrsabsetzbetrag in Höhe von ATS 4.000,- sowie der Arbeitnehmerabsetzbetrag in Höhe von ATS 1.500,- zu. Steuerpflichtige, die nicht mehr Dienstnehmer sind, sondern bereits in Pension sind, können den Pensionistenabsetzbetrag in Höhe von ATS 5.500,- geltend machen.

Sonderausgaben, Außergewöhnliche Belastungen

Als Sonderausgaben können von der Bemessungsgrundlage zur Einkommensteuer beispielsweise Prämienzahlungen zu Er- und Ablebensversicherungen, freiwillige Zusatzversicherungen in der Krankenversicherung bzw. Unfallversicherung, Ausgaben zur Wohnraumschaffung oder Wohnraumsanierung abgezogen werden. Bis zu einem Höchstbetrag von ATS 40.000,- sind von diesen Ausgaben ein Viertel (= höchstens ATS 10.000,-) als Sonderausgabe von der Einkommensteuerbemessungsgrundlage abzugsfähig. Bei einem Alleinverdiener bzw. Alleinerzieher erhöht sich dieser Höchstbetrag auf ATS 80.000,-, davon ist ebenfalls höchstens ein Viertel (= höchstens ATS 20.000,-) abzugsfähig. Bei mindestens 3 Kindern steigt der Höchstbetrag nochmals um weitere ATS 20.000,-. Voll als Sonderausgaben abzugsfähig sind der Kirchenbeitrag bis maximal ATS 1.000,-, Steuerberatungskosten (sofern diese nicht bereits als Betriebsausgaben geltend gemacht worden sind) und Verlustvorträge.

Wie bereits oben in der Darstellung zur Bilanzierung bzw. Einnahmen-Ausgaben-Rechnung beschrieben, ist ein Verlustvortrag nur im Fall einer doppelten Buchführung (Bilanzierung) zulässig. Bei Anlaufverlusten ist ein Verlustvortrag auch bei Führung einer Einnahmen-Ausgaben-Rechnung in den ersten drei Jahren möglich.

3. Umsatzsteuer

Allgemeines

Die Bestimmungen über die Umsatzsteuer wurden mit Österreichs Beitritt zur Europäischen Union, mit Wirkung vom 1.1.1995, durch das UStG 1994 grundlegend neu geregelt. Der Umsatzsteuer unterliegen die Lieferungen und sonstigen Leistungen, die ein Unternehmer im Inland gegen Entgelt im Rahmen seines Unternehmens ausführt. Weiters unterliegt der Umsatzsteuer der Eigenverbrauch im Inland.

Eigenverbrauch liegt dann vor, wenn der Unternehmer Gegenstände, die seinem Unternehmen dienen oder bisher gedient haben, für außerhalb des Unternehmens liegende Zwecke verwendet oder verwenden läßt. Neben diesem Haupttatbestand (Entnahmetatbestand) existieren noch einige Sonderbestimmungen für den Eigenverbrauch, die jedoch im Weinbau kaum zur Anwendung kommen.

Weiters unterliegt der Umsatzsteuer die Einfuhr von Gegenständen aus dem Drittlandsgebiet (Nicht-EU-Mitgliedstaaten im Sinne des Umsatzsteuerrechtes) in das Inland.

Die Österreichische Umsatzsteuer ist getragen vom System der Allphasenmehrwertsteuer mit Vorsteuerabzug. Dies bedeutet, daß innerhalb der Unternehmerkette jeweils die Umsatzsteuer für den Verkauf in Rechnung gestellt wird, der Unternehmer jedoch gleichzeitig berechtigt ist, die ihm in Rechnung gestellte Umsatzsteuer wiederum als Vorsteuer abzuziehen. Somit hat der Unternehmer nur den Differenzbetrag aus der in Rechnung gestellten Umsatzsteuer und der bezahlten Vorsteuer an das Finanzamt abzuführen.

Weinbaubetriebe sind in der Regel als Unternehmer anzusehen. Sie sind somit umsatzsteuerpflichtig.

Eine allgemeine Ausnahmeregelung, die auch für Weinhauer anzuwenden ist, besteht für Unternehmer, die weniger als ATS 300.000,-

Umsatz pro Jahr erzielen. Für diese Unternehmer besteht die sogenannte Kleinunternehmerregelung, das bedeutet, daß sie in ihren Rechnungen keine Umsatzsteuer verrechnen müssen und somit auch keine Umsatzsteuer an das Finanzamt abführen müssen.

Sie sind jedoch auch nicht berechtigt, die ihnen in Rechnung gestellte Umsatzsteuer als Vorsteuer in Anspruch zu nehmen.

Diese sogenannten Kleinunternehmer haben jedoch eine Option (Wahlrecht) auf die Regelbesteuerung. Wenn sie dieses Wahlrecht ausüben, bedeutet das, daß sie auch bei einem Umsatz von unter ATS 300.000,- pro Jahr Umsatzsteuer in Rechnung stellen müssen und damit auch zum Vorsteuerabzug berechtigt sind.

Besteuerungsgegenstand

Wie bereits oben angeführt, unterliegen die Lieferungen und sonstigen Leistungen, die ein Unternehmer im Inland gegen Entgelt im Rahmen seines Unternehmens ausführt, der Eigenverbrauch sowie die Einfuhr von Waren aus dem Drittland der Umsatzsteuer. Unter die Lieferung fallen beim Weinbaubetrieb der Verkauf sämtlicher Erzeugnisse des Weinbaubetriebes, wie Trauben, Most, Sturm, Wein, Sekt, Weinbrand und der Verkauf allfälliger im Unternehmen des Weinbaubetriebes genutzter landwirtschaftlicher Geräte, wie beispielsweise der Verkauf eines gebrauchten Traktors oder ein Maschinenverkauf. Neben den Lieferungen ist auch für die Erbringung sonstiger Leistungen Umsatzsteuer in Rechnung zu stellen. Sonstige Leistungen im Weinbaubetrieb sind beispielsweise die Vermietung von Maschinen, die Vermietung von Lagerraum oder als Nebentätigkeit auch die Privatzimmervermietung.

Die oben angeführte Definition des Eigenverbrauchs trifft vor allem für die Entnahme von Wein für private Zwecke zu. Eigenverbrauch liegt jedoch auch dann vor, wenn Maschinen oder Geräte für nicht dem Weinbaubetrieb dienende Zwecke verwendet werden.

Bemessungsgrundlage und Steuersätze

Bemessungsgrundlage

Die Bemessungsgrundlage für die Umsatzsteuer bei Lieferungen und sonstigen Leistungen ist das Entgelt ohne Umsatzsteuer. Das Entgelt ist alles, was der Empfänger einer Lieferung oder sonstigen Leistung aufzuwenden hat, um die Lieferung oder sonstige Leistung zu erhalten.

Zum Entgelt beim Verkauf von Wein gehören neben dem Nettoverkaufspreis für die Flasche Wein auch die Getränkesteuer und, wenn dies gesondert verrechnet wird, natürlich auch die gesondert verrechneten Verpackungskosten (Flaschen, Kartons, usw.).

Die Bemessungsgrundlage beim Eigenverbrauch ist der Teilwert des entnommenen Gegenstandes oder die auf die Nutzung entfallenden Kosten des Gegenstandes.

Steuersätze

Im österreichischen Umsatzsteuergesetz ist der Normalsteuersatz mit 20 % der Bemessungsgrundlage festgesetzt, der ermäßigte Steuersatz mit 10 % der Bemessungsgrundlage. Für gewisse Gebiete in Österreich (Zollausschlußgebiete Jungholz und Mittelberg im Kleinen Walsertal) besteht eine Sonderregelung mit einem Steuersatz von 16 %. Weiters wurde für den Bereich des Weinbaus aufgrund des Beitrittsvertrages zur Europäischen Union ein ermäßigter Steuersatz in Höhe von 12 % bei der Lieferung von Wein aus eigener Erzeugung vorgesehen. Im Rahmen eines Weinbaubetriebes ist zu beachten, daß je nach verkauftem Produkt unterschiedliche Steuersätze zur Anwendung kommen.

Anwendung des ermäßigten Steuersatzes von 10 %

Der ermäßigte Steuersatz von 10 % ist entsprechend § 10 Abs. 2 Z 1 UStG 1994 auf die Lieferungen, den Eigenverbrauch und die Einfuhr der in der Anlage A Ziffer 1 bis Ziffer 43 des Umsatzsteuergesetzes aufgezählten Gegenstände anzuwenden. Unter Ziffer 13 dieser Anlage werden genießbare Früchte und Nüsse (Positionen 0801 bis 0813 der kombinierten Nomenklatur = EU Zollkodex) angeführt, wobei unter Position 0806 Weintrauben, frisch oder getrocknet, fallen.

Unter diese Kategorie fallen auch Tafeltrauben und alle anderen frischen sowie eingestampften, eingeraspelten und zerkleinerte Weintrauben einschließlich Traubenmaische, weiters Rosinen, Korinthen und Sultaninen. Darunter fallen jedoch nicht Fruchtsäfte.

Der Weinhauer hat somit beim Verkauf von Weintrauben und Traubenmaische den ermäßigten Steuersatz von 10 % anzuwenden, beim Verkauf von Traubenmost oder Sturm ist dieser begünstigte Satz hingegen nicht anwendbar.

Weiters ist im Rahmen des Weinbaubetriebes der begünstigte 10%ige Steuersatz bei der Lieferung von Rückständen und Abfällen, die im Rahmen der Weinproduktion anfallen, wie Weingeläger, Weinstein und Trester vom Pressen der Trauben anzuwenden. Sowohl Weingeläger als auch Weinstein fallen unter Ziffer 32 der Anlage zum Umsatzsteuergesetz (Position 2307 der kombinierten Nomenklatur) ebenso fällt darunter Trester vom Pressen von Trauben (Position 2308 der kombinierten Nomenklatur).

Anwendung des ermäßigten Steuersatzes von 12 %

Der ermäßigte Steuersatz von 12 % ist auf Lieferungen und den Eigenverbrauch von Wein aus frischen Weintrauben und von anderen gegorenen Getränken, die innerhalb eines landwirtschaftlichen Betriebes im Inland erzeugt wurden, anzuwenden, soweit der Erzeuger die Getränke im Rahmen seines landwirtschaftlichen Betriebes liefert oder für Eigenverbrauchszwecke entnimmt.

Die Begünstigung steht nur für die Lieferung und den Eigenverbrauch von Wein aus frischen Weintrauben, der Unterposition 2204 21 und 2204 29 der kombinierten Nomenklatur zu. Diese Unterpositionen des EU-Zolltarifes beinhalten nicht Schaumwein, Traubensaft, Sturm, Wermutwein und andere aromatisierte Weine. Nicht begünstigt sind auch Umsätze von zugekauftem Wein und Wein aus erworbenen Vorprodukten (z.B. Trauben, Maische, Most, Sturm) oder Wein, der im Rahmen einer Buschenschank ausgeschenkt wird.

Verkauft der Weinhauer den Gästen seines Buschenschankbetriebes den selbst erzeugten Wein in Flaschen zum Mitnehmen, dann wird dieser nicht innerhalb der Betriebsräume einschließlich der Gastgärten ausgeschenkt. Der begünstigte Umsatzsteuersatz ist dann auch auf diese Umsätze anzuwenden.

Ist der eigenerzeugte Wein mit zugekauftem Wein bzw. Wein aus zugekauften Trauben, Maische, Most oder Sturm verschnitten, dann geht nach Abschnitt 58 Abs. 1 DE-UStG die Begünstigung nicht zur Gänze verloren, es hat eine Aufteilung in begünstigte und nicht begünstigte Umsätze zu erfolgen. Die Trennung ist unter Zugrundelegung des Zukaufes und der üblichen Ausbeutesätze zu schätzen.

Der ermäßigte Steuersatz von 12 % ist anzuwenden, wenn der Wein im Rahmen eines landwirtschaftlichen Betriebes im Inland erzeugt wurde, soweit der Erzeuger die Getränke im Rahmen seines landwirtschaftlichen Betriebes liefert oder für Eigenverbrauchszwecke entnimmt. Die Begünstigung kann somit nur dann zustehen, wenn Erzeugung und Verkauf durch denselben landwirtschaftlichen Betrieb erfolgt. Die Frage, was als landwirtschaftlicher Betrieb anzusehen ist, ist wiederum nach § 30 Bewertungsgesetz zu beurteilen. Ein einheitlicher landwirtschaftlicher Betrieb ist bei Weinbaubetrieben dann noch gegeben, wenn die Einkaufsmenge des Zukaufes nicht mehr als 2000 kg frische Weintrauben oder insgesamt 1500 Liter Wein aus frischen Weintrauben sowie Traubenmost jeweils pro Hektar bewirtschafteter

Betriebsfläche beträgt. Übersteigt der Zukauf diese Grenzen, dann liegt ein einheitlicher Gewerbebetrieb vor. Die Anwendung des begünstigten Umsatzsteuersatzes steht dann insgesamt nicht zu.

Der Verkauf der eigenen Produkte, auch in Form einer Buschenschank oder in einem eigenen Verkaufslokal ist hingegen, ebenso wie das Vorliegen einer Gewerbeberechtigung für den Weinhandel nicht für die Beurteilung als landwirtschaftlicher Betrieb schädlich.

Übersteigt somit der Zukauf an Wein, an Traubenmost oder Weintrauben die oben angeführten Grenzen, dann liegt insgesamt kein landwirtschaftlicher Betrieb im Sinne des Umsatzsteuergesetzes vor, die Begünstigung ist für diesen Betrieb zur Gänze nicht anwendbar.

Liegen die Zukäufe dieses Weinbaubetriebes unterhalb der Grenze, dann liegt ein begünstigter landwirtschaftlicher Betrieb vor.

Die Rechtsform ist für die Beurteilung nicht maßgeblich. Die Begünstigung steht auch Weinbaubetrieben, die in der Rechtsform einer Mitunternehmerschaft bzw. juristischen Person betrieben werden, zu. Auch eine Weinbau GmbH kann somit begünstigter Betrieb im Sinne der Vorschriften – bei Vorliegen der üblichen Voraussetzungen – sein.

Die Begünstigung trifft im Ergebnis Erzeugerbetriebe, die ihren Wein direkt an Letztverbraucher außerhalb eines Buschenschankbetriebes liefern. Zwar steht der begünstigte Steuersatz auch beim Verkauf des eigen erzeugten Weines durch einen begünstigten Betrieb an einen Wiederverkäufer (somit unabhängig vom Käufer) zu, beim Wiederverkäufer erfolgt jedoch eine Hochschleusung auf das 20%ige Steuerniveau, sodaß im Endeffekt eine unterschiedliche Steuerbelastung zwischen Direktvermarktern (begünstigte Weinbaubetriebe) und Weinhändlern entsteht. Die Begünstigung steht sämtlichen landwirtschaftlichen Betrieben, die die Voraussetzung erfüllen, unabhängig von ihrer Größe, zu.

Anwendung des Steuersatzes von 20 %

Der Normalsteuersatz von 20 % ist immer dann anzuwenden, wenn der Betrieb als solcher nicht unter die Begünstigung fällt, wenn somit kein landwirtschaftlicher Betrieb im Sinne des Umsatzsteuergesetzes vorliegt. Weiters sind Lieferungen und der Eigenverbrauch von Traubensaft, Sturm, zugekauftem Wein, Wein aus erworbenen Vorprodukten, Schaumwein oder Wermut mit dem Normalsteuersatz auch dann zu besteuern, wenn ein begünstigter Betrieb vorliegt.

Somit ergeben sich folgende Umsatzsteuersätze, je nachdem, ob ein begünstigter landwirtschaftlicher Betrieb vorliegt oder nicht:

	Begünstigter Betrieb	**Nicht begünstigter Betrieb**
Trauben, Maische	10 %	10 %
Weinstein, Geläger, Trester	10 %	10 %
Traubensaft, Sturm	20 %	20 %
Wein aus eigener Erzeugung	12 %	20 %
Buschenschank	20 %	20 %
Wein aus zugekauften Vorprodukten, zugekaufter Wein	20 %	20 %
Schaumwein, aromatisierter Wein, Wermut	20 %	20 %
Verschnitt eigenerzeugter Wein, zugekaufter Wein	Aufteilung 12% / 20%	20 %

Rechnungsausstellung

Führt der Unternehmer steuerpflichtige Lieferungen oder steuerpflichtige sonstige Leistungen aus, so ist er berechtigt und, soweit er die Umsätze an einen Unternehmer ausführt, auf Verlangen dieses

Unternehmers auch verpflichtet, Rechnungen auszustellen, in denen die Steuer gesondert ausgewiesen ist.

Diese Rechnungen müssen die im folgenden Beispiel enthaltenen Angaben ausweisen:

Beispiel 19: Rechnungsausstellung

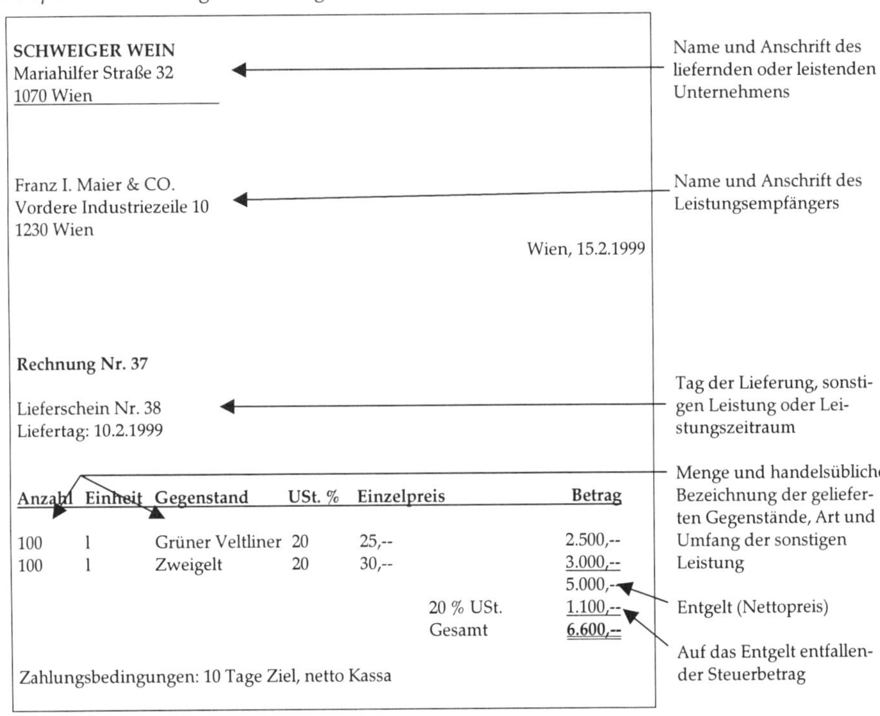
SCHWEIGER WEIN
Mariahilfer Straße 32
1070 Wien

Franz I. Maier & CO.
Vordere Industriezeile 10
1230 Wien

Wien, 15.2.1999

Rechnung Nr. 37

Lieferschein Nr. 38
Liefertag: 10.2.1999

Anzahl	**Einheit**	**Gegenstand**	**USt. %**	**Einzelpreis**		**Betrag**
100	1	Grüner Veltliner	20	25,--		2.500,--
100	1	Zweigelt	20	30,--		3.000,--
						5.000,--
					20 % USt.	1.100,--
					Gesamt	6.600,--

Zahlungsbedingungen: 10 Tage Ziel, netto Kassa

Bei der Ausstellung von Rechnungen müssen die Formvorschriften des § 11 UStG beachtet werden. Diese sind deshalb so wichtig, weil ohne ordnungsgemäße Rechnung ein Vorsteuerabzug nicht möglich ist. Daher müssen Rechnungen die oben angeführten Angaben unbedingt enthalten.

Nicht erforderlich sind beispielsweise die Bezeichnung als Rechnung und die Unterschrift des Unternehmers.

Bei Rechnungen mit einem Gesamtbetrag bis zu ATS 2.000,- (inkl. Umsatzsteuer) genügt die Angabe des Steuersatzes neben dem Bruttopreis. Bei diesen sogenannten Kleinbetragsrechnungen ist es nicht erforderlich, das Entgelt und den Steuerbetrag getrennt auszuweisen. Name und Anschrift des Leistungsempfängers müssen ebenfalls nicht aufscheinen.

Wird in einer Rechnung der Umsatzsteuerbetrag zu hoch ausgewiesen, wird er aufgrund der Rechnungslegung geschuldet. Dies gilt ebenfalls für jemanden, der in einer Rechnung einen Umsatzsteuerbetrag ausweist, obwohl er gar kein Unternehmer ist oder keinen steuerbaren Umsatz ausführt. Es muß somit auch der oben angeführte Kleinunternehmer, der grundsätzlich vom Ausweis und der Verrechnung der Umsatzsteuer befreit ist, die Umsatzsteuer dann an das Finanzamt abführen, wenn er sie unberechtigterweise in einer Rechnung ausweist (bzw. natürlich auch dann, wenn er einen Antrag auf Regelbesteuerung gestellt hat).

Werden in einer Rechnung Lieferungen und sonstige Leistungen, die verschiedenen Steuersätzen unterliegen, abgerechnet, dann sind die Entgelte und Steuerbeträge nach Steuersätzen getrennt auszuweisen.

Aufzeichnungspflichten

Der Unternehmer ist verpflichtet, zur Feststellung der Steuer und der Grundlagen ihrer Berechnung Aufzeichnungen zu führen. Eine bestimmte Form der Aufzeichnung ist von Gesetzes wegen nicht vorgeschrieben. Das Umsatzsteuergesetz definiert lediglich Mindestanforderungen. Es müssen die Aufzeichnungen so geführt werden, daß daraus zu ersehen ist, wie sich die Entgelte auf steuerpflichtige Umsätze, getrennt nach Steuersätzen, und auf steuerfreie Umsätze (z.B. Ausfuhrlieferungen) verteilen. Bei Weinbaubetrieben müssen somit die steuerpflichtigen Umsätze getrennt nach Steuersätzen (10 %, 12 % bzw. 20 %) und die steuerfreien Umsätze getrennt ersichtlich sein. Die vom Unternehmer ausgeführten Lieferungen und sonstigen Leistungen sind fortlaufend, unter Angabe des Tages, aufzuzeichnen.

Die aufgezeichneten Entgelte und Steuerbeträge sowie die Bemessungsgrundlagen für den Eigenverbrauch sind regelmäßig, mindestens zum Schluß eines jeden Voranmeldungszeitraumes, zusammenzurechnen.

Verstöße gegen die Aufzeichnungspflichten kann das Finanzamt im Falle der Prüfung zu einer Schätzung berechtigen. Sämtliche Belege und Aufzeichnungen sind über 7 Jahre aufzubewahren. Aufzeichnungen und Unterlagen, die Grundstücke betreffen, sind 12 Jahre aufzubewahren.

Meldeverpflichtigungen, Steuerzahlungen

Die Umsatzsteuerschuld entsteht bei der grundsätzlich anzuwendenden Soll-Besteuerung, mit Ablauf des Monats, in dem die Lieferung oder sonstige Leistung ausgeführt wurde. Dieser Zeitpunkt verschiebt sich lediglich um einen Monat, wenn die Rechnungslegung erst nach Ablauf des Kalendermonats erfolgt, in dem die Lieferung oder sonstige Leistung erbracht wurde.

Im Falle der Soll-Besteuerung entsteht die Umsatzsteuerschuld somit im Zeitpunkt der Lieferung bzw. Rechnungslegung, unabhängig von der Zahlung durch den Kunden.

Unternehmer, die Einkünfte aus Land- und Forstwirtschaft erzielen, haben jedoch die Umsatzsteuer für die mit dieser Tätigkeit zusammenhängenden Umsätze nach den vereinnahmten Entgelten zu berechnen (Ist-Besteuerung).

Die Umsatzsteuer ist somit nicht in dem Monat an das Finanzamt abzuführen, in dem die Lieferung erfolgt bzw. die Rechnung ausgestellt wird, sie ist vielmehr für jenen Monat abzuführen, in dem der Kunde die Rechnung bezahlt. Wahlweise kann jedoch beim Finanzamt beantragt werden, daß die Umsatzsteuer nach vereinbarten Entgelten (Sollbesteuerung) abgeführt wird.

Eine Soll-Besteuerung hat auch dann zu erfolgen, wenn Buchführungspflicht eingetreten ist oder wenn der Gesamtumsatz in zwei aufeinanderfolgenden Kalenderjahren ATS 1,500.000,- überstiegen hat.

Als Voranmeldungszeitraum ist in der Regel der Kalendermonat heranzuziehen. Nur bei Unternehmern mit weniger als ATS 300.000,- Jahresumsatz kann das Kalendervierteljahr als Voranmeldungszeitraum gewählt werden. Am Jahresende ist dann eine Umsatzsteuerjahreserklärung zu erstellen.

Sollte ein Guthaben entstehen, dann ist eine Umsatzsteuervoranmeldung (Formular U 30) an das Finanzamt zu schicken. Eine Umsatzsteuervoranmeldung muß auch dann abgegeben werden, wenn der Unternehmer bescheidmäßig dazu aufgefordert wird.

Der Unternehmer hat die Umsatzsteuer monatlich an das Finanzamt abzuführen, die Umsatzsteuer für den jeweiligen Kalendermonat ist einen Monat und 15 Tage nach Ende dieses Kalendermonats an das Finanzamt abzuführen. Die Umsatzsteuer für Jänner 1999 ist bis 15. März 1999 an das Finanzamt einzubezahlen.

Darüber hinaus wird vom Finanzamt noch die Umsatzsteuer-Sondervorauszahlung vorgeschrieben. Ist der Umsatzsteuervoranmeldungszeitraum jeweils ein Kalendervierteljahr ist diese Sondervorauszahlung gemeinsam mit der Vorauszahlung für das 3. Quartal am 15. November zur Zahlung fällig. Ist Voranmeldungszeitraum jeweils ein Kalendermonat ist die Sondervorauszahlung gleichzeitig mit der Umsatzsteuervoranmeldung für den Oktober, somit am 15. Dezember fällig.

Diese Umsatzsteuer-Sondervorauszahlung kann sich der Unternehmer frühestens mit 15. Jänner des folgenden Kalenderjahres wieder gutschreiben lassen, bei quartalsweiser Voranmeldung frühestens am 15. Februar.

Sonderregelungen für nichtbuchführungspflichtige Land- und Forstwirte

Die Sonderregelung des § 22 UStG, die Umsätze bei nichtbuchführungspflichtigen Unternehmen der Umsatzsteuer mit 10 % zu unterwerfen, ist dann anzuwenden, wenn die Umsätze im Rahmen eines land- und forstwirtschaftlichen Betriebes ausgeführt werden. Das bedeutet, daß ein unter § 22 UStG fallender land- und forstwirtschaftlicher Betrieb für alle seine Lieferungen und sonstigen Leistungen 10 % Umsatzsteuer in Rechnung stellen darf.

Bei Weinbaubetrieben fällt eine 10%ige Zusatzsteuer für die Lieferung und den Eigenverbrauch der in der Anlage zum Umsatzsteuergesetz nicht angeführten Getränke und alkoholischen Flüssigkeiten an. Die zusätzliche Steuer vermindert sich auf 2 %, wenn auf diese Umsätze die Voraussetzungen, die bereits oben für die Anwendung des ermäßigten Steuersatzes behandelt wurden, zutreffen. Die bei Lieferung und sonstiger Leistung anzuwendenden Steuersätze sind beim pauschalierten und beim regelbesteuerten Weinbaubetrieb gleich.

Die den Umsätzen zuzurechnenden Vorsteuerbeträge werden ebenfalls pauschal mit 10 % festgesetzt. Ein darüber hinausgehender Vorsteuerabzug ist nicht zulässig. Wird die 2%ige Zusatzsteuer bei Wein aus eigenem Anbau in Rechnung gestellt, erhöht sich im selben Ausmaß der Vorsteuerabzug.

Bei einem umsatzsteuerpauschalierten Weinbaubetrieb kann somit eine Umsatzsteuerzahllast nur dann anfallen, wenn beispielsweise zugekaufter Wein bzw. andere nicht begünstigte Produkte verkauft werden. Ein Vorsteuerüberschuß kann nicht entstehen, da die pauschalierte Vorsteuer mit der Höhe der Umsatzsteuer begrenzt ist.

Die Umsatzsteuerpauschalierung erstreckt sich auf sämtliche Umsätze des land- und forstwirtschaftlichen Betriebes, somit auch auf den Eigenverbrauch.

Beispiel 20: Die Einnahmen und der Eigenverbrauch eines Weinbaubetriebes setzen sich wie folgt zusammen:

Einnahmen	*netto*	*brutto*
Weinverkauf 12%	*1.650.000,-*	*1.848.000,-*
Weinverkauf 20%	*200.000,-*	*240.000,-*
Weinbrandverkauf 20%	*25.000,-*	*30.000,-*
Sektverkauf 20%	*28.000,-*	*33.600,-*
Eigenverbrauch Sekt 20%	*5.000,-*	*6.000,-*
Summe	***1.908.000,-***	***2.157.600,-***

Die Umsatzsteuerzahllast errechnet sich wie folgt:

Weinverkauf 12%	*1.650.000,- x 12% =*	*198.000,-*
Weinverkauf 20%	*200.000,- x 20% =*	*40.000,-*
Weinbrandverkauf 20%	*25.000,- x 20% =*	*5.000,-*
Sektverkauf 20%	*28.000,- x 20% =*	*5.600,-*
Eigenverbrauch 20%	*5.000,- x 20% =*	*1.000,-*
- Vorsteuer pauschal 10%	*1.908.000,- x 10% =*	*- 90.800,-*
- Erhöhung Vorsteuerabzug 2% für Weinverkauf aus eigenem Anbau	*1.650.000,- x 2% =*	*- 33.000,-*
Umsatzsteuerzahllast		***25.800,-***

Die vereinnahmte Umsatzsteuer aus dem Weinverkauf 12% wird durch den pauschalen Vorsteuerabzug von 10 % und den um 2 % erhöhten Vorsteuerabzug für den Weinverkauf aus eigenem Anbau voll ausgeglichen. Nur beim Weinverkauf 20%, Weinbrandverkauf 20%, Sektverkauf 20% und Eigenverbrauch Sekt 20% ist die Differenz zum pauschalen Vorsteuerabzug von 10%, somit ATS 25.800,-, an das Finanzamt abzuführen.

Der nichtbuchführungspflichtige Weinbaubetrieb, der umsatzsteuerpauschaliert behandelt wird, kann einen Antrag beim zuständigen Finanzamt auf Regelbesteuerung stellen. Regelbesteuerung heißt, daß die allgemeinen Vorschriften des Umsatzsteuergesetzes anzuwenden

Beispiel 21: Antrag auf Regelbesteuerung

An das
Finanzamt ...
Referat ..

Hauptstraße ..
2020 Musterstadt

Zöbing, den 12.12.1998

Betreff: Steuernummer .../....
Johann Weinheber
Antrag auf Regelbesteuerung

Sehr geehrte Damen und Herren!

Ich erkläre hiermit, gem. § 22 Abs. 6 UStG 1994, daß ich ab dem Geschäftsjahr 1999 die Umsätze meines Weinbaubetriebes nicht mehr nach § 22 UStG pauschaliert, sondern nach den allgemeinen Bestimmungen des Umsatzsteuergesetzes versteuere (Antrag auf Regelbesteuerung).

Dieser Antrag bindet mich für zumindest fünf Jahre, danach ist ein Widerruf meinerseits bis spätestens 31. Jänner erforderlich, um die Regelbesteuerung zu beenden.

Mit freundlichen Grüßen

(Johann Weinheber)

sind. Der Weinhauer muß bis zum Ablauf des Veranlagungszeitraumes, das ist das Ende des Kalenderjahres, gegenüber dem Finanzamt schriftlich erklären, daß seine Umsätze vom Beginn dieses Kalenderjahres an nicht nach den Vorschriften über die pauschalierte Umsatzsteuer, sondern nach den allgemeinen Vorschriften des Umsatzsteuergesetzes besteuert werden.

Eine solche Erklärung des Weinbaubetriebes bindet diesen für mindestens 5 Kalenderjahre. Wird die Erklärung vor dem 31.12.1998 rückwirkend noch für das Kalenderjahr 1998 beim Finanzamt abgegeben, ist der pauschalierte Weinbaubetrieb bis Ende 2002 an diese Erklärung gebunden.

Diese Erklärung kann vom Weinbaubetrieb mit Wirkung vom Beginn eines Kalenderjahres bis spätestens zum Ablauf des ersten Kalendermonats nach Beginn dieses Kalenderjahres widerrufen werden.

Im dargestellten Beispielfall (Beipiel 21) müßte somit bis spätestens 31. Jänner 2004 der Widerruf erklärt werden.

Ein solcher Antrag auf Regelbesteuerung ist für den Weinbaubetrieb dann sinnvoll, wenn größere Investitionen durchgeführt werden, und der Vorsteuerüberhang größer ist, als die an das Finanzamt bei Regelbesteuerung voraussichtlich zu bezahlende Umsatzsteuer. Es sollte eine Planungsrechnung durchgeführt werden, in der sämtliche in den fünf Jahren anfallenden Umsatzsteuern und die gegenzurechnenden Vorsteuern gegenübergestellt werden. Ist die Regelbesteuerung günstiger, etwa durch den Vorsteuerabzug bei Großinvestitionen, wie beim Bau eines Weinkellers oder großen Maschineninvestitionen, dann sollte dieser Antrag auf Regelbesteuerung gestellt werden.

Beispiel 22: Ein Weinhauer möchte wissen, ob sich ein Regelbesteuerungsantrag für ihn auszahlt. Die gerundeten Einnahmen und Ausgaben des Vorjahres, in denen Umsatzsteuer enthalten war, betrugen wie folgt:

	brutto	Umsatzsteuer
Einnahmen		
Weinverkauf 12%	*1.848.00,-*	*198.000,-*
Weinverkauf 20%	*240.000,-*	*40.000,-*
Summe Einnahmen	***2.100.00,-***	***238.000,-***
Ausgaben		
Weinzukauf	*75.000,-*	
Weinzucker	*12.000,-*	
Kellereimaterial	*64.000,-*	
Flaschen	*225.000,-*	
Korken, Etiketten	*250.000,-*	
Weinuntersuchungen	*14.000,-*	
Verpackungen	*67.000,-*	
Energie (Strom)	*18.000,-*	
Instandhaltung Gebäude	*85.000,-*	*171.950,-*
Instandhaltung Maschinen	*43.000,-*	
Instandhaltung Weingärten	*78.000,-*	
Telefon	*29.000,-*	
Kfz-Ausgaben	*101.000,-*	
Büromaterial	*22.000,-*	
Fachliteratur	*1.000,-*	
Summe Ausgaben	***1.077.000,-***	***171.950,-***

Alle anderen Aufwendungen enthalten keine Umsatzsteuer. Auf Grund der Pauschalierung des Vorsteuerabzuges hat der Weinhauer im Vorjahr ATS 20.000,- Umsatzsteuer (= 10% des Nettobetrages der Weinverkäufe 20%) an das Finanzamt abgeführt.

Bei Regelbesteuerung errechnet sich die Umsatzsteuer aus der tatsächlich vereinnahmten Umsatzsteuer abzüglich der in den bezahlten Rechnungen ausgewiesenen Umsatzsteuer (=Vorsteuer). Der Weinhauer müßte ATS 238.000,- abzüglich ATS 171.950,-, somit ***ATS 66.050,-*** *an das Finanzamt abführen anstatt ATS 20.000,-. Die Umsatzsteuerpauschalierung ist daher für ihn um ATS 46.050,- günstiger.*

Beispiel 23: Der Weinhauer plant für das laufende Jahr Investitionen in der Höhe von ATS 3.000.000,- brutto (= ATS 2.500.000,- zuzüglich 20% Umsatzsteuer). Er möchte wissen, ob ein Regelbesteuerungsantrag, der ihn auf 5 Jahre bindet, Vorteile bringt. Er schätzt, daß die Einnahmen und die darin enthaltene Umsatzsteuer in den kommenden 4 Jahren gleich bleiben. Die Ausgaben, in denen Umsatzsteuer enthalten ist, und die darin enthaltene Vorsteuer steigen in den nächsten 4 Jahren, um jeweils 3 % pro Jahr. Allfällige Zinseffekte werden der Einfachheit halber nicht berücksichtigt.

		Umsatzsteuer	
	Brutto	***mit** Regelbesteuerungsantrag*	*Vorsteuerpauschalierung*
Einnahmen Jahr 1	*2.100.000,-*	*238.000,-*	
Ausgaben Jahr 1	*- 1.077.000,-*	*- 171.950,-*	
Investition	*- 3.000.000,-*	*- 500.000,-*	
Summe Jahr 1		***- 433.950,-***	*20.000,-*
Einnahmen Jahr 2	*2.100.000,-*	*238.000,-*	
Ausgaben Jahr 2	*- 1.109.310,-*	*- 177.109,-*	
Summe Jahr 2		***60.891,-***	*20.000,-*
Einnahmen Jahr 3	*2.100.000,-*	*238.000,-*	
Ausgaben Jahr 3	*- 1.142.589,-*	*- 182.422,-*	
Summe Jahr 3		***55.578,-***	*20.000,-*
Einnahmen Jahr 4	*2.100.000,-*	*238.000,-*	
Ausgaben Jahr 4	*- 1.176.867,-*	*- 187.894,-*	
Summe Jahr 4		***50.106,-***	*20.000,-*
Einnahmen Jahr 5	*2.100.000,-*	*238.000,-*	
Ausgaben Jahr 5	*- 1.212.173,-*	*- 193.531,-*	
Summe Jahr 5		***44.469,-***	*20.000,-*
Summe gesamt (Jahr 1 bis 5)		***-222.906,-***	***100.000,-***

Durch den Regelbesteuerungsantrag kann die Vorsteuer für die Investitionen im ersten Jahr mit den Umsatzsteuerzahlungen verrechnet werden. Es verbleibt im Jahr der Investition ein Umsatzsteuerguthaben von ATS 433.950,-. Trotz höherer Umsatzsteuerzahlungen in den folgenden 4 Jahren ist das Gesamtergebnis um insgesamt ATS 322.906,-

(ATS 222.906,- Gutschrift im Vergleich zu ATS 100.000,- Zahlung) besser als wenn kein Regelbesteuerungsantrag gestellt wird.

Es muß keine Vorsteuerkorrektur durchgeführt werden, wenn nach Ablauf von 5 Jahren wiederum zur Pauschalierung zurück gewechselt wird.

Der Übergang von der Pauschalierung zur Regelbesteuerung bzw. dann wieder zurück von der Regelbesteuerung zur Pauschalierung führt im Bereich der Umsatzsteuer zu keiner Änderung der Verhältnisse nach § 12 Abs. 10 UStG.

Import- und Exportgeschäfte

Bei der Ein- bzw. Ausfuhr von Wein ist zu unterscheiden, an wen bzw. von wem die Lieferung durchgeführt wird. Bei der Überprüfung der richtigen umsatzsteuerlichen Behandlung muß zuerst festgestellt werden, ob der Import bzw. Export durch einen pauschalierten Weinbaubetrieb oder durch einen im umsatzsteuerrechtlichen Sinne regelbesteuerten Weinbaubetrieb durchgeführt wird. Weiters bestehen noch Sonderregelungen für die Einfuhr bzw. Ausfuhr von Wein durch Privatpersonen.

Neben dieser Unterscheidung zwischen den jeweiligen Personen, die die Einfuhr oder Ausfuhr von Wein durchführen, ist im Rahmen des derzeit geltenden Systems der Umsatzsteuer auch zu unterscheiden, ob die Ein- bzw. Ausfuhr aus einem Mitgliedstaat der Europäischen Union oder in einen Mitgliedstaat der Europäischen Union erfolgt oder ob in ein Drittlandsgebiet geliefert oder von einen Drittlandsgebiet Ware bezogen wird. Herkunft und Zielort der Lieferung sind somit von Bedeutung.

Import von Wein

Binnenmarktregelung

Bei der Einfuhr von Wein aus dem Gemeinschaftsgebiet der Europäischen Union ist die sogenannte Binnenmarktregelung, die im Anhang zum Umsatzsteuergesetz 1994 geregelt ist, zu berücksichtigen. Die Binnenmarktregelung enthält besondere Bestimmungen über die Besteuerung des Handels zwischen Vertragspartnern aus verschiedenen Mitgliedstaaten der Europäischen Union.

Wird von einem Weinbaubetrieb, der nicht umsatzsteuerpauschaliert behandelt wird, weil er entweder nicht die Voraussetzungen des § 22 UStG erfüllt oder freiwillig zur Regelbesteuerung optiert hat, Wein importiert, dann hat der Empfänger der Ware die Bestimmungen über innergemeinschaftliche Lieferungen zu berücksichtigen. Wird Wein aus dem Gemeinschaftsgebiet nach Österreich von einem Weinbaubetrieb, der nicht umsatzsteuerpauschaliert ist, eingeführt, wird eine innergemeinschaftliche Lieferung durchgeführt. Der österreichische Weinbaubetrieb muß dabei die sogenannte Erwerbsteuer an das Finanzamt abführen, kann diese jedoch im gleichen Umsatzsteuervoranmeldungszeitraum als Vorsteuer geltend machen. Somit ist für den vorsteuerabzugsberechtigten Unternehmer die Erwerbsteuer für den Erwerb von Gegenständen für sein Unternehmen lediglich eine durchlaufende Position und belastet das Unternehmen nicht.

Ist der Lieferant ein in einem Mitgliedstaat ansässiger Unternehmer, darf er in seiner Rechnung an den österreichischen Abnehmer keine Umsatzsteuer ausweisen. Er muß auf die in seinem Mitgliedstaat geltende Steuerbefreiung für die innergemeinschaftliche Lieferung hinweisen. Weiters muß auf der Rechnung die Umsatzsteuer-Identifikationsnummer des Unternehmers und die Umsatzsteuer-Identifikationsnummer des österreichischen Abnehmers angegeben werden. Der ausländische Lieferant darf nur dann ohne Umsatzsteuerverrechnung an den österreichischen Abnehmer liefern, wenn der

Abnehmer eine gültige Umsatzsteuer-Identifikationsnummer bekanntgibt.

Ein innergemeinschaftlicher Erwerb liegt dann nicht vor, wenn der Abnehmer ein pauschalierter Land- und Forstwirt ist, und der Gesamtbetrag der Entgelte für innergemeinschaftliche Erwerbe aus allen Mitgliedsstaaten den Betrag von ATS 150.000,- im vorangegangenen Kalenderjahr nicht überstiegen hat und dieser Betrag im Kalenderjahr voraussichtlich nicht überschritten wird (Erwerbsschwelle).

Diese Erwerbsschwelle gilt nicht für den Erwerb neuer Fahrzeuge und verbrauchsteuerpflichtiger Waren wie z.B. Mineralöle, Alkohol, alkoholische Getränke und Tabakwaren.

Beispiel 24: Kauft ein pauschalierter Land- und Forstwirt in einem Mitgliedstaat der europäischen Gemeinschaft Waren ein und übersteigt der Gesamtbetrag aller Einkäufe nicht den Betrag von ATS 150.000,-, werden sämtliche Einkäufe grundsätzlich mit der ausländischen Umsatzsteuer belastet. Beim Kauf einer italienischen Kellereimaschine, die ATS 85.000,- kostet, wäre somit die italienische Umsatzsteuer vom italienischen Lieferanten in Rechnung zu stellen.

Diese Regelung ist vor allem dann interessant, wenn das ausländische Umsatzsteuerniveau niedriger ist als das österreichische.

Wird die Erwerbsschwelle in Höhe von ATS 150.000,- im vorangegangenen Kalenderjahr oder im laufenden Kalenderjahr überschritten, dann fällt auch für den pauschalierten Land- und Forstwirt die Erwerbsteuer an. Diese Erwerbsteuer muß der pauschalierte Land- und Forstwirt im Rahmen seiner Umsatzsteuervoranmeldung an das Finanzamt abführen, da er umsatzsteuerpauschaliert ist, kann er sich diese Erwerbssteuer nicht als Vorsteuer abziehen.

Wie bereits oben angeführt, gilt die Erwerbsschwelle nicht für den Erwerb neuer Fahrzeuge und verbrauchsteuerpflichtiger Waren.

Beispiel 25: Kauft ein pauschalierter Land- und Forstwirt im übrigen Gemeinschaftsgebiet Alkohol und Treibstoffe ein, dann unterliegen diese Einkäufe von verbrauchsteuerpflichtigen Waren stets der Erwerbsbesteuerung.

Dadurch wird bei verbrauchsteuerpflichtigen Waren immer eine Besteuerung im Bestimmungsland erreicht.

Auf die Anwendung der Erwerbsschwelle in Höhe von ATS 150.000,- kann ein pauschalierter Land- und Forstwirt gegenüber dem zuständigen Finanzamt innerhalb der Frist zur Abgabe der Voranmeldung für den Voranmeldungszeitraum des Kalenderjahres, in dem erstmals ein Erwerb getätigt worden ist, verzichten.

Ein solcher Verzicht auf die Anwendung der Erwerbsschwelle bindet den Land- und Forstwirt für mindestens für zwei Kalenderjahre. Eine solche Option für die Erwerbsbesteuerung ist dann sinnvoll, wenn die österreichische Umsatzsteuer niedriger ist, als der Steuersatz im Ursprungsland. Wie aus der Liste in der Anlage ersichtlich, ist dies nur in sehr wenigen Fällen sinnvoll.

Der Verzicht auf die Erwerbsschwelle betrifft sämtliche Erwerbe aus dem Gemeinschaftsgebiet. Der Verzicht betrifft nicht nur Erwerbe aus einzelnen Mitgliedsstaaten. Die Erklärung auf den Verzicht der Erwerbsschwelle kann nur mit Wirkung vom Beginn eines Kalenderjahres an widerrufen werden, wobei dieser Widerruf wiederum innerhalb der Frist zur Abgabe der Voranmeldung für den Voranmeldungszeitraum dieses Kalenderjahres, in dem erstmals ein Erwerb getätigt worden ist, gegenüber dem Finanzamt schriftlich zu erklären ist.

Wird somit von einem pauschalierten Weinhauer Wein aus dem Gemeinschaftsgebiet nach Österreich importiert, so fällt auf jeden Fall Erwerbsteuer an. Mangels Vorsteuerabzugsberechtigung des pauschalierten Weinbaubetriebes ist diese Erwerbsteuer auch vom pauschalierten Weinbaubetrieb an das Finanzamt abzuführen. Dieser zugekaufte Wein aus der EU ist dabei mit 20 % der Erwerbsbesteuerung zu unterwerfen.

Ein weiterer Sonderfall stellt der Versandhandel eines Lieferanten aus dem EU-Raum dar. Dabei wird durch den Lieferanten selbst oder einem von ihm beauftragten Spediteur bei einer Lieferung ein Gegenstand nach Österreich befördert oder versendet. Die Lieferung gilt dann in Österreich ausgeführt, wenn die Beförderung oder Versendung hier endet und der Abnehmer ein pauschalierter Land- und Forstwirt ist, der die Erwerbsschwelle nicht überschreitet oder auf die Anwendung der Erwerbsschwelle nicht verzichtet hat, und zusätzlich der Gesamtbetrag sämtlicher Lieferungen, die dieser Lieferant nach Österreich durchführt, im vorangegangenen Kalenderjahr oder voraussichtlich im laufenden Kalenderjahr die Lieferschwelle von ATS 1,400.000,- überschreitet.

In diesem Falle müßte der ausländische Lieferant bereits in seiner Rechnung österreichische Umsatzsteuer in Rechnung stellen und diese auch an das Finanzamt abführen. Der pauschalierte Land- und Forstwirt müßte dann keine Erwerbsbesteuerung durchführen. Sollte ein solcher Fall auftreten, ist für den österreichischen pauschalierten Weinbaubetrieb zu empfehlen, an den Lieferanten nur den Nettobetrag zu bezahlen, die Umsatzsteuer sollte aus Haftungsgründen direkt an das Finanzamt Graz-Stadt auf das Abgabenkonto des ausländischen Lieferanten abgeführt werden.

Ein weiterer Sonderfall, der zwar nicht für Weinbaubetriebe maßgeblich ist, dennoch mit der Besteuerung von Weinverkäufen auftritt, ist die Einfuhr von Wein durch Letztverbraucher für den persönlichen Bedarf. Erwirbt z.B. ein Urlauber in Italien 60 Flaschen Chianti und bringt diese nach Österreich, ist dieser Wein grundsätzlich mit italienischer Umsatzsteuer zu belasten. Die Besteuerung erfolgt bei der Verwendung für den persönlichen Bedarf ausschließlich im Ursprungsland. Diese Besteuerung im Ursprungsland erfolgt für Letztverbraucher für den privaten Verbrauch ohne wert- und mengenmäßige Beschränkung. Es wurden sogenannte Richtmengen aufgestellt, welche angeben sollen, welche Mengen tatsächlich noch als für den privaten Bedarf anzusehen sind. Als privater Bedarf gilt z.B. pro erwachsener Person über 18 Jahre beim Grenzübertritt 90 Liter Wein, davon höchstens 60 Liter Schaumwein. Werden größere Mengen ohne Nachweis des persönlichen Bedarfs importiert, muß der Importeur die Waren der Erwerbsbesteuerung unterwerfen.

Import aus dem Drittlandsgebiet

Einfuhren aus dem Drittlandsgebiet, das sind all jene Länder, die nicht zum Gemeinschaftsgebiet zu rechnen sind, sind bei der Einfuhr der Einfuhrumsatzsteuer zu unterwerfen.

Beim Import ist an der Grenze Einfuhrumsatzsteuer zu entrichten, die der inländische Unternehmer, wenn er zum Vorsteuerabzug berechtigt ist, als Vorsteuer abziehen kann.

Für den pauschalierten Land- und Forstwirt fällt die Einfuhrumsatzsteuer tatsächlich als Kostenbelastung an. Die Einfuhrumsatzsteuer wird beim Import vorgeschrieben. Der pauschalierte Land- und Forstwirt kann sich die Einfuhrumsatzsteuer nicht als Vorsteuer abziehen.

Da für den im Drittland ansässigen Lieferanten die Lieferungen an den österreichischen Abnehmer stets steuerbefreite Ausfuhrlieferungen darstellen werden, führt die Vorschreibung der Einfuhrumsatzsteuer bei Importen aus Drittlandsgebieten zu einem Anfall der Umsatzsteuerlast in Höhe des österreichischen Umsatzsteuerniveaus.

Export von Wein

Binnenmarktregelung

Bei der Ausfuhr von Wein in das Gemeinschaftsgebiet durch Unternehmer ist grundsätzlich wiederum die Binnenmarktregelung zu beachten.

Die Binnenmarktregelung sieht vor, daß Lieferungen durch einen inländischen Unternehmer an einen Abnehmer im Gemeinschaftsgebiet der Unternehmer ist und der den Gegenstand der Lieferung für sein Unternehmen erworben hat, steuerfrei sind. Diese innergemeinschaftlichen steuerbefreiten Lieferungen entsprechen grundsätzlich den steuerfreien Lieferungen in das Drittlandsgebiet, jedoch mußte aufgrund des Wegfalls von Grenzkontrollen ein eigenes Verfahren zum Nachweis und zur Überprüfung der Steuerfreiheit geschaffen werden.

Eine steuerfreie innergemeinschaftliche Lieferung in das übrige Gemeinschaftsgebiet liegt somit dann vor, wenn entweder der Lieferant oder der Abnehmer den Gegenstand der Lieferung in das übrige Gemeinschaftsgebiet befördert oder versendet, dieser Abnehmer Unternehmer ist, der den Gegenstand für sein Unternehmen erworben hat und der Erwerb beim Abnehmer im anderen Mitgliedstaat steuerbar ist. Beim Abnehmer muß somit ein innergemeinschaftlicher Erwerb vorliegen.

Die Voraussetzungen für diese Steuerfreiheit müssen vom Lieferanten buchmäßig nachgewiesen werden. Der Lieferant hat zu überprüfen, ob die entsprechenden Voraussetzungen zur steuerfreien innergemeinschaftlichen Lieferung an den ausländischen Abnehmer vorliegen. Für diese Zwecke hat der ausländische Abnehmer seine Umsatzsteuer-Identifikationsnummer bekanntzugeben. Der österreichische Lieferant hat zu überprüfen, ob diese UID-Nummer auch tatsächlich richtig ist. Für diese Zwecke wurde ein Bestätigungsverfahren eingeführt, bei dem das Bundesministerium für Finanzen dem österreichischen Unternehmer auf Anfrage die Gültigkeit einer UID-Nummer sowie den Namen und die Anschrift der Person, der diese UID-Nummer erteilt wurde, bestätigt. Ein solches Anfrageformular haben wir als Anlage beigelegt.

Die zuständige Stelle **(UID-Büro)** ist

UID-Büro des Bundesministerium für Finanzen
Erdbergerstraße 192-196
1034 Wien

Der österreichische Lieferant muß eine Rechnung ausstellen, auf der auf die Steuerfreiheit hingewiesen wird. Weiters muß in dieser Rechnung die UID-Nummer des Lieferanten und die des Leistungsempfängers angegeben sein. Sind alle Voraussetzungen ordnungsgemäß erfüllt, so kann eine steuerfreie innergemeinschaftliche Lieferung erfolgen.

Der Umsatz ist in der Umsatzsteuervoranmeldung gesondert auszuweisen. Weiters ist in der vierteljährlich abzugebenden sogenannten „Zusammenfassenden Meldung" der steuerfreie innergemeinschaftliche Umsatz unter Angabe der UID-Nummer des Empfängers zu melden.

Umsatzsteuerpauschalierte Land- und Forstwirte können keine steuerbefreiten innergemeinschaftliche Lieferungen in die Mitgliedstaaten der europäischen Union durchführen. Somit fällt bei pauschalierten Land- und Forstwirten grundsätzlich Umsatzsteuer an. Eine steuerfreie innergemeinschaftliche Lieferung, wie oben angeführt, an ausländische Abnehmer mit einer UID-Nummer ist nicht möglich. Es ist somit die Umsatzsteuer bei Weinlieferungen trotz Lieferung in das übrige Gemeinschaftsgebiet mit 12 % bzw. 20 % in Rechnung zu stellen.

Der ausländische Abnehmer kann sich diese in Rechnung gestellte Vorsteuer beim Finanzamt Graz-Stadt im Rahmen eines dafür gesondert vorgesehenen Rückvergütungsverfahrens für ausländische Unternehmer, die in Österreich nicht ansässig sind, rückerstatten lassen.

> *Beispiel 26: Ein pauschalierter Weinhauer liefert an einen deutschen Unternehmer für dessen Unternehmen 150 Bouteillen Grüner Veltliner und Riesling aus eigener Erzeugung.*
>
> *Der Weinhauer stellt dem deutschen Abnehmer den Wein mit 12 % Umsatzsteuer in Rechnung. Der deutsche Unternehmer kann sich die österreichische Umsatzsteuer beim Finanzamt Graz-Stadt rückerstatten lassen.*

Für die Rückerstattung muß der deutsche Unternehmer die Originalrechnungen, das Antragsformular U 5 (erhältlich beim Finanzamt Graz-Stadt) und einen Unternehmernachweis (nicht älter als ein Jahr) bis spätestens 6 Monate nach Beendigung des Kalenderjahres, in dem die Lieferungen erfolgt sind, beim Finanzamt Graz-Stadt einreichen. Nach positiver Erledigung des Rückerstattungsantrags wird dem deutschen Unternehmer die bezahlte österreichische Umsatzsteuer zurückerstattet.

Der deutsche Unternehmer kann sich auch mit einer Zustellungs- und Geldvollmacht (ATS 180,- Stempelmarke erforderlich) vom österreichischen Lieferanten vertreten lassen. Allerdings sind trotzdem die Originalrechnungen und der Unternehmernachweis beizubringen. Das U 5 kann dann vom bevollmächtigten Lieferanten unterschrieben werden. Die anzugebende Bankverbindung muß nicht die des deutschen Abnehmers sein.

Vereinfachend wäre es auch möglich, das Rückerstattungsformular U 5 gleich vom deutschen Abnehmer unterschreiben zu lassen und das Betragsfeld erst bei der Einreichung des Rückerstattungsantrages auszufüllen. Mit der deutschen Unternehmerbestätigung und den Originalrechnungen kann so der Weinhauer ebenfalls (ohne Vollmacht) das Rükkerstattungsverfahren für den deutschen Kunden beantragen.

Die Abwicklung des Rückerstattungsverfahrens dauert jedoch relativ lang.

Liefert ein pauschalierter Weinbaubetrieb im Rahmen der Versandhandelsregelung an Privatpersonen in das übrige Gemeinschaftsgebiet, ist wiederum das Bestimmungslandprinzip maßgeblich.

Das bedeutet, daß sich der Ort der Lieferung aus Österreich in das übrige Gemeinschaftsgebiet verlagert und der pauschalierte Weinbaubetrieb bei Lieferung an einen Privaten im Gemeinschaftsgebiet die Umsatzsteuer des jeweiligen Empfängerlandes in Rechnung zu stellen hätte. Dies ist bei der Lieferung von Wein als verbrauchsteuerpflichtige

Ware unabhängig von allfällig sonst geltenden Lieferschwellen zu beachten.

Bei der Lieferung von Wein an Unternehmer oder juristische Personen kommt diese Versandhandelsregelung nicht zur Anwendung.

Beispiel 27: Der pauschalierte österreichische Weinbaubetrieb versendet 24 Bouteillen Grünen Veltliner nach Deutschland. Empfänger des Weines ist a) eine Privatperson zum persönlichen Gebrauch, b) ein Gastwirt.

Bei Lieferung an die Privatperson wird durch die Versandhandelsregelung der Ort der Lieferung dorthin verlegt, wo die Beförderung oder Versendung endet. Dies ist im Falle der Lieferung des Weines in Deutschland, der österreichische Weinhauer muß somit die Weinlieferung der deutschen Umsatzsteuer (16 %) unterziehen. Diese in Rechnung gestellte deutsche Umsatzsteuer muß der österreichische pauschalierte Weinhauer in Deutschland an das zuständige Finanzamt abführen. Für nicht in Deutschland ansässige Unternehmer ist das Finanzamt München II, D-80335 München, Deroystraße 20, Tel: 0049-89-1252 zuständig. Es ist dort eine Steuernummer zu beantragen und die Umsatzsteuer abzuführen. Zustellungen können direkt nach Österreich erfolgen, ein deutscher Vertreter (Fiskalvertreter) ist derzeit notwendig.

Im Fall b) bei der Lieferung an einen deutschen Gastwirt kommt die Versandhandelsregelung nicht zur Anwendung, da der Empfänger Unternehmer ist, eine steuerfreie innergemeinschaftliche Lieferung ist, wie oben angeführt, ebenfalls nicht möglich, die Lieferung durch den pauschalierten Weinbaubetrieb hat somit mit 12 % oder 20 % österreichischer Umsatzsteuer zu erfolgen. Diese österreichische Umsatzsteuer könnte sich der deutsche Gastwirt im Rückerstattungsverfahren beim Finanzamt Graz-Stadt zurückholen. Obwohl der pauschalierte Landwirt die Befreiungsbestimmung für innergemeinschaftliche Lieferungen nicht anwenden kann und dem Empfänger, wenn er Unternehmer ist, die österreichische Umsatzsteuer in Rechnung zu stellen hat, hat er dennoch die Erklärungspflichten gemäß Art 21 Abs. 11 UStG zu erfüllen (Angabe der innergemeinschaftlichen Lieferung in der Umsatzsteuervoran-

meldung) sowie eine sogenannte zusammenfassende Meldung gem. Art 21 Abs. 3 UStG auszustellen. Eine solche zusammenfassende Meldung ist bei entsprechenden innergemeinschaftlichen Lieferungen mit dem Formblatt U 13 quartalsweise an das zuständige Finanzamt bis spätestens 1 Monat nach Abschluß des jeweiligen Quartals zu senden (Formular U 13 siehe Anlage).

Holt sich ein Letztverbraucher, der im Gemeinschaftsgebiet ansässig ist, Wein für den privaten Verbrauch beim österreichischen Weinhauer ab, dann ist vom österreichischen Weinbaubetrieb die österreichische Umsatzsteuer in Rechnung zu stellen.

Ausfuhr in das Drittlandsgebiet

Bei einer Ausfuhr in das Drittlandsgebiet durch einen nicht umsatzsteuerpauschalierten Weinbaubetrieb sind die allgemeinen Bestimmungen des Umsatzsteuergesetzes zu beachten. Die Lieferung in das Drittlandsgebiet ist somit dann steuerfrei, wenn der Unternehmer den Gegenstand der Lieferung in das Drittlandsgebiet befördert oder versendet hat oder der Unternehmer das Umsatzgeschäft mit einem ausländischen Abnehmer abgeschlossen hat und der Abnehmer den Gegenstand der Lieferung in das Drittlandsgebiet befördert oder versendet hat. Über die erfolgte Ausfuhr muß ein entsprechender Ausfuhrnachweis erbracht werden.

Soll eine Lieferung in das Drittlandsgebiet tatsächlich steuerfrei behandelt werden, müssen auf jeden Fall korrekte Ausfuhrdokumente beim Weinbaubetrieb vorliegen. Gelangt die Ware durch einen beauftragten Spediteur des Weinbaubetriebes in das Ausland, so erhält der Weinbaubetrieb die notwendigen Ausfuhrdokumente zum Nachweis der steuerfreien Lieferung von seinem beauftragten Spediteur.

☞ Vorsicht ist geboten, wenn ein beauftragter Spediteur oder der Abnehmer selbst aus dem Drittlandsgebiet den Wein beim österreichischen Weinbaubetrieb abholt. Bei regelmäßigen Geschäftskontakten wird es möglich sein, daß die entsprechenden Ausfuhrnachweise (vom

Zollamt beim Grenzübertritt abgestempelt) jeweils vom Kunden an den österreichischen Weinbaubetrieb übersandt werden.

Pauschalierte Land- und Forstwirte können wiederum mangels Geltung des § 6 Abs. 1 Z 1 UStG keine steuerfreien Ausfuhrlieferungen tätigen. Liefert ein pauschalierter Weinbaubetrieb Wein in das Drittlandsgebiet, ist ebenfalls österreichische Umsatzsteuer in Rechnung zu stellen. Allerdings ist nach Auffassung der Finanzverwaltung bei der Lieferung von Wein für die grundsätzlich eine zusätzliche Steuer in Höhe von 2 % bzw. 10 % in Rechnung zu stellen wäre, auch eine steuerfreie Ausfuhrlieferung möglich und keine zusätzliche Steuer zu entrichten. Somit ist in Rechnungen über Ausfuhrlieferungen, wenn die übrigen Voraussetzungen für steuerfreie Ausfuhrlieferungen vorliegen (Ausfuhrnachweis, ausländischer Abnehmer), lediglich die Steuer im Ausmaß von 10 % nicht aber die zusätzliche Steuer auszugeweisen. Der Wert dieser Lieferungen muß dann in der Umsatzsteuererklärung auch unter den steuerfreien Ausfuhrlieferungen angeführt werden.

Beispiel 28: Ein pauschalierter Weinhauer aus der Steiermark liefert 50 Bouteillen Schilcher aus eigener Erzeugung an seinen Kunden in Slowenien.

Der Weinhauer stellt dem Slowenen eine Rechnung mit 10% Umsatzsteuer aus. Der Slowene kann beim Finanzamt Graz-Stadt die Rückerstattung der österreichischen Umsatzsteuer beantragen.

4. Verbrauchsteuern

Nach Abschaffung der Weinsteuer (der Steuersatz wurde auf Null gesetzt) mit dem EU-Beitritt gibt es zwei Verbrauchsteuern, die für den Weinbaubetrieb und für den Verkauf von Wein und Produkten aus Weintrauben relevant sind, die Alkoholsteuer und die Schaumweinsteuer.

Alkoholsteuer

Die Alkoholsteuer, wird für die Herstellung und die Einfuhr verschiedener in der Kombinierten Nomenklatur aufgezählter alkoholhaltiger Waren eingehoben. Wein unterliegt nicht der Alkoholsteuer.

Die Alkoholsteuer beträgt ATS 10.000,- je 100 Liter Alkohol. Die Steuer ermäßigt sich auf ATS 5.400,- je 100 Liter Alkohol, wenn dieser unter Abfindung oder in Verschlußbrennereien hergestellt wird und eine bestimmte Menge nicht übersteigt.

Verschlußbrennereien sind Räumlichkeiten, in denen auf verschlußsicher eingerichteten Herstellungsanlagen Alkohol hergestellt wird. Diese Verschlußbrennereien sind bewilligungspflichtig. Bewilligungen werden nur unter bestimmten Voraussetzungen erteilt. Grundsätzlich darf Alkohol nur in diesen Einrichtungen hergestellt werden.

Schaumweinsteuer

In den Bestimmungen des Schaumweinsteuergesetzes ist das Herstellen von Schaumwein und von Zwischenerzeugnissen sowie die Einbringung von Schaumwein und Zwischenerzeugnissen in das Steuergebiet geregelt.

Schaumwein im Sinne des Schaumweinsteuergesetzes 1995 sind alle Getränke, die in Flaschen mit Schaumweinstopfen, der durch eine besondere Haltevorrichtung befestigt ist, enthalten sind oder bei 20° C einen auf Kohlendioxid zurückzuführenden Überdruck von 3 bar oder mehr aufweisen.

Zwischenerzeugnisse sind andere alkoholische Getränke als Bier, Schaumwein oder Wein mit einem Alkoholgehalt von höchstens 22 Vol. % Alkohol. Dabei handelt es sich hauptsächlich um einige gespritete oder um mit Aromen versetzte Weine (z.B. Wermut, Portwein, Madeira, Marsalla).

Auch Wein, der wie Schaumwein aufgemacht ist (befestigter Schaumweinstopfen oder Überdruck von 3 bar bei 20°C), unterliegt der Schaumweinsteuer.

Produkt	**Steuersatz in ATS je Liter**
Traubenschaumwein	20,-
Obstschaumwein mit max. 8,5 Vol. % Alkohol	10,-
Zwischenerzeugnisse[1])	7,-

[1]) bei Zwischenerzeugnissen mit Überdruck oder Aufmachung wie Schaumwein beträgt der Steuersatz jedoch ATS 20,- je Liter.

Die Steuerschuld entsteht grundsätzlich, wenn das Produkt aus einem Steuerlager entnommen wird oder mit der nicht behördlich genehmigten Herstellung. Bei der Einfuhr aus Drittländern mit der Zollanmeldung.

Steuerlager sind Herstellungsbetriebe und Lager, in denen die Erzeugnisse unversteuert lagern können. Ein Steuerlager muß von der zuständigen Zollbehörde genehmigt werden und unterliegt bestimmten Überwachungsmaßnahmen. Die Schaumweinsteuer wird vom Betrieb, der den Wein zu Sekt verarbeitet idR dem Abnehmer in Rechnung gestellt und an die für die Einhebung der Schaumweinsteuer zuständigen Hauptzollämter abgeführt.

Im Schaumweinsteuergesetz ist das sogenannte „Weinüberwachungsverfahren" geregelt, wonach der innergemeinschaftliche Handel mit Wein zu kontrollieren ist. Damit soll sichergestellt werden, daß Weinlieferungen in andere EU-Mitgliedstaaten, die noch Steuern auf Wein erheben, überwacht wird.

Länderübersicht EU zur Besteuerung von Wein und Schaumwein		
Staat	**Weinsteuer**	**Schaumweinsteuer**
Österreich	Nein	ja
Belgien	ja	ja
Dänemark	ja	ja
Deutschland	Nein	ja
Finnland	ja	ja
Frankreich	ja	ja
Griechenland	Nein	nein
Großbritannien	ja	ja
Irland	ja	ja
Italien	Nein	nein
Luxemburg	Nein	nein
Niederlande	ja	ja
Portugal	Nein	nein
Schweden	ja	ja
Spanien	Nein	nein

Im Rahmen dieses Überwachungsverfahrens sind für den Versand von Wein, Sekt und Zwischenerzeugnissen zu gewerblichen Zwecken vom Lieferanten die erforderlichen Begleitdokumente auszustellen und mit dem Transport an den Empfänger mitzuschicken. Die Begleitdokumente sind grundsätzlich immer auszustellen, auch dann, wenn im Empfängerland keine entsprechende Verbrauchsteuer eingehoben wird.

Die Ausstellung von eigenen Begleitdokumenten kann unterbleiben, wenn der Weinbaubetrieb eine Weinmenge bis maximal 1000 hl pro Jahr erzeugt und Wein in den EU-Raum verbracht wird. Dieser „kleine Weinerzeuger" muß auf dem Lieferschein und/oder der Rechnung, die mit der Ware versandt werden, nur folgenden Vermerk anbringen:

„Wein des steuerrechtlich freien Verkehrs - kleiner Weinerzeuger gem. Art. 29 der Richtlinie 92/12/EWG des Rates vom 25. Februar 1992."

Beim Export in Drittländer ist abhängig vom Produkt, der Menge und der Aufmachung des Weinerzeugnisses das Begleitpapier gemäß Verordnung (EWG) Nr. 2238/93 (erhältlich bei österreichischen Staatsdruckerei und der Lagernummer 162) zu verwenden. Ein österreichischer Weinhauer ist z.B. beim Export in Drittländer von Wein in etikettierten Flaschen mit einem Füllvolumen von maximal 5 Litern ab einer Menge von 100 Litern verpflichtet dieses Formular (L 162) auszustellen. Bei einer geringeren Menge kann die Ausstellung dieses Formulars unterbleiben.

Werden mehr als 1000 hl Wein pro Jahr selbst erzeugt, müssen entsprechende verbrauchsteuerrechliche Begleitdokumente vom Versender der Ware ausgestellt werden. Diese 1000 hl Grenze gilt nur bei der Verbringung von Wein in den EU-Raum nicht jedoch bei Schaumwein oder Zwischenerzeugnissen. Bei der Verbringung von Schaumwein in den EU-Raum müssen auch „kleine Weinerzeuger" entsprechende Begleitdokumente ausstellen.

Ist der Versender Inhaber eines Steuerlagers und hat der Empfänger eine Bewilligung als berechtigter Empfänger in der EU oder als Steuerlager, kann die Ware unter Steueraussetzung versandt werden. Zusätzlich zur Rechnung und dem Lieferschein ist vom Versender das „Begleitende Verwaltungsdokument für die Beförderung von verbrauchsteuerpflichtiger Ware unter Steueraussetzung" (erhältlich bei der österreichischen Staatsdruckerei unter der Lagernummer VST1) auszustellen.

Beispiel 29: Eine große österreichische Weinkellerei mit eigener Sekterzeugung und Steuerlager versendet 250 Karton Sekt aus dem Steuerlager an einen deutschen Weinvertrieb in dessen Steuerlager.

Neben Lieferschein und Rechnung stellt der österreichische Weinbaubetrieb noch das VST1 „Begleitendes Verwaltungsdokument für die Beförderung von verbrauchsteuerpflichtiger Ware unter Steueraussetzung" aus. Von dem 4-fach auszufüllenden Dokument verbleibt das Blatt 1 beim Versender. Blatt 2, 3, und 4 werden mit dem Transport an den Empfänger geschickt. Der bestätigt den Empfang auf Blatt 3 und 4 und legt beide Blätter bei seinem zuständigen Zollamt in Deutschland zur Bestätigung vor. Das Blatt 3, das sowohl vom Empfänger als auch vom Zollamt bestätigt wurde, wird an den Versender zurückgesandt. Blatt 4 bleibt beim zuständigen Zollamt und Blatt 2 beim Empfänger der Ware.

Der Versender muß in diesem Fall keine Schaumweinsteuer in Rechnung stellen. Der Empfänger zahlt die deutsche Verbrauchsteuer bei der Entnahme aus dem Steuerlager.

Beispiel 30: Eine österreichische Weinkellerei liefert 200 Karton Wein aus seinem Steuerlager an einen Weinhändler in der Schweiz.

In diesem Fall übernimmt das jeweilige EU-Grenzzollamt die Funktion des Empfängers und bestätigt die Ausfuhr der verbrauchsteuerpflichtigen Ware auf Blatt 3 und 4.

Hat der Versender kein Steuerlager bzw. wird die Ware im steuerrechtlich freien Verkehr versandt und treffen auf seinen Betrieb die Voraussetzungen des „kleinen Weinerzeugers" nicht zu, muß er beim Versand an einen gewerblichen Empfänger im Ausland neben Lieferschein und Rechnung das „Vereinfachte Begleitdokument für die Beförderung verbrauchsteuerpflichtiger Ware im steuerrechtlich freien Verkehr" (erhältlich bei der österreichischen Staatsdruckerei unter der Lagernummer VST2) ausstellen. In der Rechnung sollte die Verbrauchsteuer ausgewiesen werden oder zumindest ein Hinweis auf die Entrichtung der Verbrauchsteuer enthalten sein. Der Empfänger der Ware im EU-Raum hat vor Empfang der Ware diese bei seinem zuständigen Zollamt anzuzeigen und idR eine Sicherheit zu hinterlegen. Hat der Empfänger die Ware erhalten, muß er den Empfang der Ware bestätigen und ein bestätigtes Exemplar an den Versender zurückschicken. Der Versender kann anschließend die Erstattung der bezahlten Verbrauchsteuer bei seinem zuständigen Zollamt beantragen.

Beispiel 31: Ein Weinbaubetrieb mit mehr als 1000 hl Wein-Produktion versendet 30 Kisten Rieslingsekt an einen Weinhändler in Finnland.

Neben Lieferschein und Rechnung stellt der österreichische Weinbaubetrieb noch das VST2 „Vereinfachtes Begleitdokument für die Beförderung von verbrauchsteuerpflichtiger Ware im steuerrechtlich freien Verkehr" aus. Von dem 3-fach auszufüllenden Dokument verbleibt das Blatt 1 beim Versender. Blatt 2 und 3 werden mit dem Transport an den Empfänger nach Finnland geschickt. Der bestätigt den Empfang auf Blatt 3 und legt dieses Blatt bei seinem zuständigen Zollamt in Finnland zur Bestätigung vor. Das Blatt 3, das sowohl vom Empfänger als auch vom Zollamt bestätigt wurde, wird an den Versender zurückgesandt. Blatt 2 verbleibt beim Empfänger der Ware.

Der Versender muß in diesem Fall Schaumweinsteuer in Rechnung stellen. Der Empfänger zahlt die österreichische Schaumweinsteuer. Der Versender kann beim zuständigen Zollamt mit dem bestätigten Blatt 3 die Erstattung des Schaumweinsteuerbetrages beantragen. Nach Rückerstattung kann dem finnischen Weinhändler die österreichische Schaumweinsteuer zurückerstattet werden.

Beispiel 32: Der österreichische Weinbaubetrieb verkauft 100 Karton Wein an einen Weinhändler aus Deutschland.

In diesem Fall muß ebenfalls das VST2 vom österreichischen Versender ausgestellt werden, obwohl weder in Österreich noch in Deutschland Weinsteuer zu entrichten ist. Trotzdem sollte der deutsche Abnehmer dem österreichischen Weinhändler das von im und vom zuständigen deutschen Zollamt bestätigte Blatt 3 zurückschicken.

5.Sonstige Abgaben

Getränkesteuer

Zur Getränkesteuer ist derzeit ein Verfahren beim Europäischen Gerichtshof anhängig. Es wird geprüft, ob die Getränkesteuer an sich und die Getränkesteuerbefreiung des Ab-Hof-Verkaufes EU-rechtswidrig sind. Mit einem Urteil ist wahrscheinlich erst im Herbst 1999 zu rechnen. Die nachfolgenden Ausführungen geben den derzeitig gültigen Rechtsstand wider.

Die Getränkesteuer ist eine ausschließliche Gemeindeabgabe und wird für die entgeltliche Lieferung von Getränken, jeweils einschließlich der mitverkauften Umschließung (z.B. Flasche) und des mitverkauften Zubehörs, eingehoben. Steuerschuldner ist, wer die Getränkelieferung bewirkt (Einzelhändler, Gastwirt). Die Steuer beträgt 10 % (5 % für alkoholfreie Getränke) des Entgelts ohne Umsatzsteuer, Bedienentgelt und der Getränkesteuer.

Wenn die Lieferung von Wein (die Verschaffung der Verfügungsmacht) am Ort der Produktion erfolgt („Ab-Hof-Verkauf"), entfällt die Getränkesteuer.

Stichwortverzeichnis

Literaturverzeichnis

Doralt W., Ruppe G.: Grundriß des österreichischen Steuerrechts, Wien 1998

Herrmann, Heuer, Raupach: Einkommensteuer- und Körperschaftsteuergesetz – Kommentar, Köln 1996

Stoll G.: Bundesabgabenordnung Kommentar, Wien 1994

Kolacny P., Mayer L.: Umsatzsteuergesetz 1994, Wien 1997

Ruppe G.: Umsatzsteuergesetz 1994 – Kommentar, Wien 1995

Scheiner, Kolacny, Caganek: Kommentar zur Mehrwertsteuer – UStG 1994, Wien 1998

Tumpel M.: Mehrwertsteuer im innergemeinschaftlichen Warenverkehr, Wien 1997

Brustbauer, Mraz: Das österreichische Weingesetz und seine praktische Anwendung, Wien 1998

Jilch M.: Die Besteuerung pauschalierter Landwirte (Dissertation), Wien 1996

Österreichische Weinmarketingserviceges.m.b.H. (Hrsg.): Exportleitfaden 1999

Österreichische Weinmarketingserviceges.m.b.H. (Hrsg.): Dokumentation Österreichischer Wein – August 1998

NÖ Landes-Landwirtschaftskammer (Hrsg.): Die Landwirtschaft, Klosterneuburg

Bundesverband der Weinbautreibenden Österreichs (Hrsg.): Der Winzer - Fachblatt des Österreichischen Weinbaus, Klosterneuburg

Umsatzsteueridentifikationsnummern (UID-Nummern)

Mitgliedstaat	Länder-kennzeichen	weitere Stellen	Beispiele
Österreich	AT	U und 8 Ziffern	ATU12345678
Belgien	BE	9 Ziffern	BE123456789
Deutschland	DE	9 Ziffern	DE123456789
Dänemark	DK	8 Ziffern	DK12345678
Finnland	FI	8 Ziffern	FI12345678
Frankreich	FR	11 Stellen[1])	FR12345678901
Griechenland	EL	9 Ziffern[2])	EL123456789
Irland	IE	8 Stellen[3])	IE1A34567B
Italien	IT	11 Ziffern	IT12345678901
Luxemburg	LU	8 Ziffern	LU12345678
Niederlande	NL	12 Ziffern[4])	NL123456789B12
Portugal	PT	9 Ziffern	PT123456789
Schweden	SE	12 Ziffern[5])	SE123456789001
Spanien	ES	9 Stellen[6])	ESA23456789
Vereinigtes Königreich	GB	9 oder 12 Ziffern	GB123456789

[1]) nur Ziffern bzw. erste und/oder zweite Stelle kann ein Buchstabe sein.

[2]) bis 31.12.1998 acht Ziffern, seit 1.1.1999 neun Ziffern.

[3]) die zweite Stelle kann, die letzte Stelle muß ein Buchstabe sein.

[4]) zwölf Stellen, die drittletzte Stelle muß ein Buchstabe sein.

[5]) zwölf Ziffern, die letzten beiden Ziffern bestehen immer aus der Ziffernkombination „01".

[6]) neun Stellen, die erste und die letzte Stelle bzw. die erste oder die letzte Stelle kann ein Buchstabe sein.

Lieferschwellen, Erwerbsschwellen und
Steuersätze in der Europäischen Union

Mitgliedstaat	Währung	Lieferschwelle	Erwerbsschwelle	Normal-steuersatz
Österreich	ATS	1.400.000	150.000	20%
Belgien	BEF	1.500.000	450.000	21%
Deutschland	DEM	200.000	25.000	16%
Dänemark	DKK	280.000	80.000	25%
Finnland	FIM	200.000	50.000	22%
Frankreich	FRF	700.000	70.000	20,6%
Griechenland	GRD	8.200.000	2.500.000	18%
Irland	IEP	27.000	32.000	21%
Italien	ITL	54.000.000	16.000.000	20%
Luxemburg	LUF	4.200.000	400.000	15%
Niederlande	NLG	230.000	23.000	17,5%
Portugal	PTE	6.300.000	1.800.000	17%
Schweden	SEK	320.000	90.000	25%
Spanien	ESP	4.550.000	1.300.000	16%
Vereinigtes Königreich	GBP	70.000	49.000	17,5%

P. b. b. Erscheinungsort Wien, Verlagspostamt 1030 Wien

3203

BUNDESGESETZBLATT

FÜR DIE REPUBLIK ÖSTERREICH

Jahrgang 1997 Ausgegeben am 30. Dezember 1997 Teil II

430. Verordnung: Aufstellung von Durchschnittssätzen für die Ermittlung des Gewinnes aus Land- und Forstwirtschaft

430. Verordnung des Bundesministers für Finanzen über die Aufstellung von Durchschnittssätzen für die Ermittlung des Gewinnes aus Land- und Forstwirtschaft

Auf Grund des § 17 Abs. 4 und 5 des Einkommensteuergesetzes 1988, BGBl. Nr. 400, in der jeweils geltenden Fassung wird verordnet:

I. Maßgebender Einheitswert

§ 1. (1) Der Gewinn land- und forstwirtschaftlicher Betriebe und Nebenbetriebe, deren Inhaber hinsichtlich dieser Betriebe weder zur Buchführung verpflichtet sind noch freiwillig Bücher führen, kann nach den Bestimmungen dieser Verordnung ermittelt werden. Es ist zu unterscheiden, ob der Einheitswert des land- und forstwirtschaftlichen Betriebes 900 000 S überschreitet oder nicht.

(2) Als maßgebender Einheitswert des land- und forstwirtschaftlichen Betriebes gilt der Einheitswert des während des Veranlagungsjahres bewirtschafteten land- und forstwirtschaftlichen Vermögens zuzüglich der Einheitswertanteile der während des Veranlagungsjahres bewirtschafteten Zupachtungen und abzüglich der Einheitswertanteile der während des Veranlagungsjahres nicht selbst bewirtschafteten Verpachtungen. Für die Ermittlung der Einheitswertanteile der Zu- und Verpachtung ist hinsichtlich des Hektarsatzes § 125 Abs. 1 lit. b der Bundesabgabenordnung, BGBl. Nr. 194/1961, in der jeweils geltenden Fassung maßgebend.

(3) Hinsichtlich eines Überschreitens und Unterschreitens der Einheitswertgrenze von 900 000 S gilt § 125 Abs. 3 und 4 der Bundesabgabenordnung, BGBl. Nr. 194/1961, in der jeweils geltenden Fassung sinngemäß.

(4) Durch diese Verordnung werden nur die regelmäßig in den Betrieben anfallenden Rechtsgeschäfte und Vorgänge pauschal berücksichtigt, die auch von Art. 25 der Richtlinie des Rates vom 13. Juni 1977, Nr. 77/388/EWG, Abl. Nr. L 145 in der jeweils gültigen Fassung erfaßt sind.

(5) Abweichend von den Abs. 1 bis 4 können aus der Veräußerung von forstwirtschaftlich genutzten Flächen entstehende Gewinne mit 35% des auf Grund und Boden, stehenden Holzes und Jagdrechtes entfallenden Veräußerungserlöses angenommen werden, sofern dieser 3 000 000 S im Einzelfall nicht überschreitet. Dies gilt abweichend vom Abs. 1 auch für buchführende Betriebe, bei denen die Wertveränderungen von Grund und Boden außer Ansatz bleiben.

II. Gewinnermittlung bis zu einem Einheitswert von 900 000 S

Grundbetrag

§ 2. (1) Bei einem Einheitswert des land- und forstwirtschaftlichen Betriebes bis 900 000 S kann der Gewinn mittels eines Durchschnittssatzes vom maßgebenden Einheitswert (§ 1 Abs. 2) ermittelt werden (Grundbetrag).

Der Durchschnittssatz beträgt, wenn der land- und forstwirtschaftliche Betrieb einen maßgebenden Einheitswert aufweist

bis 200 000 S.................................. 27%
über 200 000 bis 500 000 S 31%
über 500 000 bis 900 000 S .... 35%.

(2) Bei der Veranlagung für das Kalenderjahr 1998 ist bei Vorliegen von Erlösen von mehr als 50 000 S (einschließlich Umsatzsteuer) aus Be- und/oder Verarbeitung eigener und zugekaufter Urprodukte im Rahmen der Land- und Forstwirtschaft der Prozentsatz um zehn Prozentpunkte zu erhöhen.

(3) Bei Veranlagungen für die Kalenderjahre 1998 und 1999 kann der Abgabepflichtige abweichend vom Abs. 1 und 2 bei einem Einheitswert ab 500 000 S auf Antrag des Steuerpflichtigen die Gewinnermittlung gemäß den Vorschriften des Abschnittes III erfolgen.

(4) Abweichend vom Abs. 1 beträgt bei Veranlagungen für das Kalenderjahr 1997 der maßgebliche Durchschnittssatz bis zu einem Einheitswert von 900 000 S 31%, sofern er von einem gemäß § 39 Abs. 2 Z 1 lit. a des Bewertungsgesetzes 1955, BGBl. Nr. 148, in der jeweils geltenden Fassung für Alpen gesondert festgestellten Vergleichswert abgeleitet wird, 8%. Ebenso ist der Abs. 3 nicht anzuwenden.

(5) Wird der Grundbetrag von Alpen von einem gemäß § 39 Abs. 2 Z 1 lit. a des Bewertungsgesetzes 1955, BGBl. Nr. 148, in der jeweils geltenden Fassung gesondert festgestellten Vergleichswert abgeleitet, ist der Durchschnittssatz bei Veranlagungen für die Kalenderjahre 1998 und 1999 mit 70% der sich aus Abs. 1 ergebenden Sätze anzusetzen.

(6) Der Gewinn aus dem Buschenschank im Rahmen des Obstbaues ist gemäß § 6 Abs. 1 und 3 durch Einnahmen-Ausgaben-Rechnung zu ermitteln.

Forstwirtschaft

§ 3. (1) Der Gewinn aus Forstwirtschaft ist durch Einnahmen-Ausgaben-Rechnung gesondert zu ermitteln, wenn auf die forstwirtschaftlich genutzten Grundflächen ein (Teil)einheitswert, der im Sinne der Bestimmung des § 125 Abs. 3 und 4 der Bundesabgabenordnung, BGBl. Nr. 194/1961, in der jeweils geltenden Fassung zu ermitteln ist, von mindestens 150 000 S entfällt, wobei Zuschläge gemäß § 40 des Bewertungsgesetzes 1955, BGBl. Nr. 148, in der jeweils geltenden Fassung für Holzbezugsrechte dem forstwirtschaftlichen (Teil)einheitswert gleichzusetzen sind. Liegt dieser (Teil)einheitswert unter 150 000 S, kann der Gewinn mit einem Durchschnittssatz von 40% des auf die forstwirtschaftlich genutzten Grundflächen entfallenden Teiles des Einheitswertes berechnet werden. Der Durchschnittssatz ermäßigt sich bei einem (Teil)einheitswert unter 100 000 S auf 30%.

(2) Übersteigt der forstwirtschaftliche Einheitswert im Sinne des Abs. 1 150 000 S, können als Betriebsausgaben in Forstwirtschaften mit einer dem Einheitswert gemäß § 44 in Verbindung mit § 46 Abs. 2 des Bewertungsgesetzes 1955, BGBl. Nr. 148, in der jeweils geltenden Fassung ergangenen Verordnung zugrunde gelegten durchschnittlichen

	Minderungszahl von mindestens 64 (Fichte und Lärche Bonität 7) oder Wertziffer von höchstens 9	Minderungszahl von mindestens 63 (Fichte und Lärche Bonität 7) oder Wertziffer von mindestens 10
bei Holzverkäufen am Stamm	mit einem Durchschnittssatz von 20% der Betriebseinnahmen (einschließlich Umsatzsteuer)	mit einem Durchschnittssatz von 30% der Betriebseinnahmen (einschließlich Umsatzsteuer)
bei Selbstschlägerungen	mit einem Durchschnittssatz von 50% der Betriebseinnahmen (einschließlich Umsatzsteuer)	mit einem Durchschnittssatz von 70% der Betriebseinnahmen (einschließlich Umsatzsteuer)

angesetzt werden.

Liegt dem Einheitswert einer forstwirtschaftlich genutzten Grundfläche keine Minderungszahl oder Wertziffer zugrunde, ist vom Finanzamt eine fiktive Minderungszahl oder Wertziffer zu ermitteln.

(3) Bei der Berechnung des Gewinnes aus Forstwirtschaft ist der als forstwirtschaftlich anzusehende Teil des Einheitswertes bei der Berechnung des Grundbetrages (§ 2) auszuscheiden.

(4) Der in Abs. 1 genannte Durchschnittssatz von 30% ermäßigt sich bei Veranlagungen für das Kalenderjahr 1997 auf 10% und bei Veranlagungen für das Kalenderjahr 1998 auf 20%.

(5) Abweichend von Abs. 1 ist bei der Veranlagung für das Kalenderjahr 1997 der Gewinn bereits ab einem (Teil)einheitswert der forstwirtschaftlich genutzten Grundflächen von über 100 000 S mittels Einnahmen-Ausgaben-Rechnung unter sinngemäßer Anwendung des Abs. 2 zu ermitteln.

Weinbau

§ 4. (1) Der Gewinn aus Weinbau (Wein, Weintrauben, Maische, Traubensaft, Traubenmost und Sturm sowie alkoholfreie Getränke und Speisen im Rahmen des Buschenschankes) ist durch Einnahmen-Ausgaben-Rechnung gesondert zu ermitteln. Wenn die weinbaulich genutzte Grundfläche 60 Ar nicht übersteigt, kann die gesonderte Ermittlung des Gewinnes aus Weinbau unterbleiben.

(2) Die Betriebsausgaben können mit einem Durchschnittssatz von 70% der Betriebseinnahmen (einschließlich Umsatzsteuer), mindestens aber mit 60 000 S je Hektar weinbaulich genutzter Grundflächen angesetzt werden. Davon abweichend sind bei Veranlagungen für das Kalenderjahr 1997 die in § 5 Abs. 2 der Verordnung des Bundesministers für Finanzen vom 18. April 1997, BGBl. II Nr. 107/1997, festgesetzten Betriebsausgaben abzuziehen.

(3) Der Abzug der gemäß Abs. 2 ermittelten Betriebsausgaben darf nur bis zur Höhe der Betriebseinnahmen erfolgen.

(4) Ist der Gewinn aus Weinbau gemäß Abs. 1 erster Satz gesondert zu ermitteln, dann ist der auf die weinbaulich genutzten Grundflächen entfallende Teil des Einheitswertes bei der Berechnung des Grundbetrages (§ 2) auszuscheiden.

(5) Übersteigt die weinbaulich genutzte Grundfläche nicht 60 Ar, dann sind abweichend von Abs. 1 zweiter Satz die Gewinne aus Buschenschank und Bouteillenweinverkauf durch Einnahmen-Ausgaben-Rechnung gesondert zu ermitteln. Die Bestimmungen der Abs. 2 und 3 sind sinngemäß anzuwenden.

Gartenbau

§ 5. (1) Der Gewinn aus Gartenbau (§ 49 Bewertungsgesetz 1955) ist durch Einnahmen-Ausgaben-Rechnung zu ermitteln.

(2) Die Betriebsausgaben können mit einem Durchschnittssatz von 60% der Betriebseinnahmen (einschließlich Umsatzsteuer), bei Veranlagungen für das Kalenderjahr 1997 mit 70% angesetzt werden. Neben den mittels dieses Durchschnittssatzes berechneten Betriebsausgaben sind noch Ausgaben für Löhne (einschließlich Lohnnebenkosten) als Betriebsausgaben zu berücksichtigen.

(3) Der Abzug der gemäß Abs. 2 ermittelten Betriebsausgaben darf nur bis zur Höhe der Betriebseinnahmen erfolgen. Weist der Steuerpflichtige die gesamten Betriebsausgaben aus dem Gartenbau nach, dann sind die Betriebsausgaben in der nachgewiesenen Höhe höchstens jedoch bis zur Höhe der Betriebseinnahmen abzusetzen.

(4) Abweichend von den Bestimmungen der Abs. 1 bis 3 sind für die Ermittlung des Gewinnes aus Gartenbau flächenabhängige Durchschnittssätze anzuwenden. Voraussetzung dafür ist, daß der ausschließliche Betriebsgegenstand in der Lieferung eigener gärtnerischer Erzeugnisse an Wiederverkäufer besteht. Diese Voraussetzung ist auch erfüllt, wenn die Einnahmen aus anderen Lieferungen – ausgenommen aus Anlagenverkäufen – und aus Leistungen nachhaltig ingesamt nicht mehr als 20 000 S jährlich betragen. Als Wiederverkäufer gelten Betriebe, die gewerbsmäßig die ihnen gelieferten Erzeugnisse entweder unverändert oder nach Bearbeitung oder Verarbeitung weiterveräußern. Die Durchschnittssätze betragen:

1. Für den Anbau von Gemüse

je m² der	Schilling
a) Freilandfläche	
aa) einkulturig	4
bb) mehrkulturig	7
b) überdachten Kulturflächen	
aa) bei Plastikfolientunnel	
bis 3,5 m Basisbreite	7
über 3,5 m Basisbreite	14
bb) bei Niederglas (Mistbeete, Erdhäuser)	14
cc) bei nicht stabilen Gewächshäusern	
nicht heizbar	16
heizbar	20
dd) bei stabilen Gewächshäusern	
nicht heizbar	18
heizbar	22

2. für den Anbau von Blumen und Stauden

je m² der	Schilling
a) Freilandfläche	
aa) einkulturig	5
bb) mehrkulturig	8
b) überdachten Kulturflächen	
aa) bei Plastikfolientunnel	
bis 3,5 m Basisbreite	8
über 3,5 m Basisbreite	18
bb) bei Niederglas (Mistbeete, Erdhäuser)	18
cc) bei nicht stabilen Gewächshäusern	
nicht heizbar	20
heizbar	30
dd) bei stabilen Gewächshäusern	
nicht heizbar	25
heizbar	45

3. für Baumschulen

je m² der	Schilling
a) Fläche zur Heranzucht von Obstgehölzen und Beerensträuchern	8
b) Fläche zur Heranzucht von Ziergehölzen	10

(5) Das Ausmaß der überdachten Kulturflächen bestimmt sich nach dem Flächenausmaß, das die Außenseiten der überdachten Flächen umschließen. Bei Gewächshäusern sind daher die Außenseiten dieser Gebäude maßgebend.

(6) Bei der Ermittlung des Grundbetrages (§ 2) scheidet der auf die gärtnerisch genutzten Grundflächen entfallende Anteil des Einheitswertes aus.

Buschenschank im Rahmen des Obstbaues, land- und forstwirtschaftlicher Nebenerwerb und Be- oder Verarbeitung

§ 6. (1) Der Gewinn aus land- und forstwirtschaftlichem Nebenerwerb, aus be- und/oder verarbeiteten eigenen und zugekauften Urprodukten sowie aus dem Buschenschank im Rahmen des Obstbaues ist durch Einnahmen-Ausgaben-Rechnung gesondert zu ermitteln. Bei der Ermittlung des Grundbetrages (§ 2) scheidet der auf diese Tätigkeiten entfallende Anteil des Einheitswertes aus.

(2) Als land- und forstwirtschaftlicher Nebenerwerb sind Nebentätigkeiten zu verstehen, die nach ihrer wirtschaftlichen Zweckbestimmung zum land- und forstwirtschaftlichem Hauptbetrieb im Verhältnis der wirtschaftlichen Unterordnung stehen.

(3) Bei der Ermittlung des Gewinnes aus Buschenschank im Rahmen des Obstbaues sowie aus be- und/oder verarbeiteten Urprodukten (Abs. 1) sind die Betriebsausgaben mit 70% der gegenüberstehenden Betriebseinnahmen (inklusive Umsatzsteuer) anzusetzen. Voraussetzung für die Zurechnung der Be- und/oder Verarbeitung des Urproduktes (Abs. 1) zur Land- und Forstwirtschaft ist, daß die Be- und/oder Verarbeitung nach ihrer wirtschaftlichen Zweckbestimmung zum land- und forstwirtschaftlichen Hauptbetrieb im Verhältnis der wirtschaftlichen Unterordnung steht.

(4) Wird eine Be- und/oder Verarbeitung alleine oder zugleich mit einem land- und forstwirtschaftlichen Nebenerwerb betrieben, so liegt hinsichtlich beider Betätigungen eine Unterordnung im Sinne der Abs. 2 und 3 nur dann vor, wenn die Einnahmen aus alleiniger Be- und/oder Verarbeitung 330 000 S (inklusive Umsatzsteuer) nicht übersteigen. Bei nebeneinander vorliegenden Nebenerwerb und Be- und/oder Verarbeitung ist die Unterordnung nur dann gegeben, wenn die gemeinsamen Einnahmen 330 000 S (inklusive Umsatzsteuer) nicht übersteigen und das Ausmaß der land- und forstwirtschaftlichen Grundflächen mehr als 5 Hektar oder der weinbaulich oder gärtnerisch genutzten Grundflächen mehr als 1 Hektar beträgt. Bei der Ermittlung dieses Betrages sind jedoch Einnahmen aus Zimmervermietung sowie Einnahmen aus auf reiner Selbstkostenbasis und ohne Verrechnung der eigenen Arbeitsleistung aufgebauten Dienstleistungen und Vermietungen im Rahmen der zwischenbetrieblichen Zusammenarbeit nicht einzurechnen.

(5) Die Bestimmungen der Abs. 1 und 3, sofern sie die Gewinnermittlung aus Buschenschank im Rahmen des Obstbaues betreffen, sind bei der Veranlagung für das Kalenderjahr 1997, sofern sie die Gewinnermittlung bei Be- und/oder Verarbeitung betreffen bei der Veranlagung für die Kalenderjahre

1997 und 1998 nicht anzuwenden. Jedoch sind Einnahmen aus der Be- und/oder Verarbeitung für das Kalenderjahr 1998 aufzuzeichnen.

Außergewöhnliche Ernteschäden und besondere Viehverluste

§ 7. Bei Ertragsausfall durch außergewöhnliche Ernteschäden wie Dürre, Hochwasser oder Hagelschlag, Wind oder Schneebruch und bei besonderen Viehverlusten sind die auf Grund der Durchschnittssätze gemäß § 2, § 3 Abs. 1 zweiter Satz, § 4 Abs. 1 zweiter Satz und § 5 Abs. 4 sich ergebenden Gewinnbeträge entsprechend der festgestellten ertragsmindernden Schadenssumme zu vermindern, sofern eine Abweichung von mehr als 25% des sonst im Durchschnitt der Jahre erzielten Normalertrages vorliegt und keine entsprechende Berücksichtigung im Einheitswert (§ 1) gefunden hat.

III. Gewinnermittlung bei einem Einheitswert von mehr als 900 000 S

Einnahmen-Ausgaben-Rechnung

§ 8. (1) Bei einem Einheitswert des land- und forstwirtschaftlichen Betriebes von mehr als 900 000 S ist der Gewinn aus Land- und Forstwirtschaft durch Einnahmen-Ausgaben-Rechnung zu ermitteln.

(2) Die Betriebsausgaben sind, soweit sie nicht in den §§ 9 bis 11 abweichend geregelt sind, mit einem Durchschnittssatz von 70% der diesen Betriebsausgaben gegenüberstehenden Betriebseinnahmen (einschließlich Umsatzsteuer) anzusetzen.

(3) Weist der Steuerpflichtige vorbehaltlich der Regelungen der §§ 9 bis 11 für einen Betriebsteil die gesamten Betriebsausgaben aus dem land- und forstwirtschaftlichen Betrieb nach, dann sind die Betriebsausgaben in der nachgewiesenen Höhe abzusetzen.

Forstwirtschaft

§ 9. Die Betriebsausgaben aus Forstwirtschaft sind unter sinngemäßer Anwendung der Bestimmungen des § 3 Abs. 2 zu berechnen.

Weinbau

§ 10. Die Betriebsausgaben aus Weinbau (Wein, Weintrauben, Maische, Traubensaft, Traubenmost und Sturm sowie alkoholfreie Getränke und Speisen im Rahmen des Buschenschankes) sind unter sinngemäßer Anwendung der Bestimmungen des § 4 Abs. 2 und 3 zu berechnen.

Gartenbau

§ 11. Die Betriebsausgaben aus Gartenbau (§ 49 Bewertungsgesetz 1955) sind unter sinngemäßer Anwendung der Bestimmungen des § 5 Abs. 2 zu berechnen.

Land- und forstwirtschaftlicher Nebenerwerb und Be- oder Verarbeitung

§ 12. Für die Gewinnermittlung der Einkünfte aus land- und forstwirtschaftlichem Nebenerwerb gilt der § 6, für Buschenschank im Rahmen des Obstbaues und für Be- und/oder Verarbeitung gelten der § 2 Abs. 6 und der § 6 Abs. 1 und 3 sinngemäß.

IV. Gewinnerhöhende und gewinnmindernde Beträge

§ 13. (1) Die nach den Bestimmungen der §§ 1 bis 7 oder der §§ 8 bis 12 sich ergebende Gewinnsumme ist um die vereinnahmten Pachtzinse, um Gewinne aus gemäß § 30 Abs. 2 Z 6 Bewertungsgesetz 1955, BGBl. Nr. 148, in der Fassung des Bundesgesetzes BGBl. Nr. 201/1996 nicht zum Einheitswert gehörenden Wirtschaftsgütern, sowie um die Hälfte der Gewinne aus gemäß § 30 Abs. 2 Z 6 Bewertungsgesetz 1955, BGBl. Nr. 148, in der Fassung des Bundesgesetzes BGBl. Nr. 201/1996 nicht zum Einheitswert gehörenden Wirtschaftsgütern soweit sie aus mit Körperschaftsteuer vorbelasteten Ausschüttungen stammen, zu erhöhen, und um den Wert der Ausgedingslasten (Geld- und Sachleistungen), um die nicht unter § 5 Abs. 2 oder § 12 fallenden Sozialversicherungsbeiträge und Beiträge zum Ausgleichsfonds für Familienbeihilfen des Steuerpflichtigen sowie um die bezahlten Pachtzinse und Schuldzinsen zu vermindern.

(2) Die aus Sachleistungen bestehenden Ausgedingslasten sind gemäß § 4 Abs. 4 des Einkommensteuergesetzes 1988 und gemäß § 15 Abs. 2 des Einkommensteuergesetzes 1988 für jede Person mit 9 000 S jährlich anzusetzen. Werden die Sachleistungen nachgewiesen oder glaubhaft gemacht, dann sind sie in der nachgewiesenen (glaubhaft gemachten) Höhe zu berücksichtigen.

Zeitliche Anwendung

§ 14. Die Verordnung ist bei der Veranlagung für die Kalenderjahre 1997 bis 1999 anzuwenden.

Edlinger

An das Finanzamt	Steuernummer (bitte bei allen Eingaben anführen)	Referat
	Eingangsvermerk des Finanzamtes	

Sehr geehrte Steuerzahlerin! Sehr geehrter Steuerzahler!
Personenbezogene Begriffe (zB Pächter) beziehen sich auf beide Geschlechter.
Diese Beilage zur Einkommensteuererklärung ist von allen nichtbuchführenden Land- und Forstwirten, die den Gewinn nach Durchschnittssätzen ermitteln, der Einkommensteuererklärung (E 1) anzuschließen. Lediglich in den Fällen des § 188 Bundesabgabenordnung genügt die alleinige Abgabe der Feststellungserklärung. Die Angaben betreffend Einheitswert und Hektarsatz sind dem letzten Einheitswertbescheid zu entnehmen. Sollte der vorhandene Raum für die einzelnen Angaben nicht ausreichen, fügen Sie bitte ein gesondertes Blatt bei. Für die sorgfältige Ausfertigung der Erklärung dankt

Ihr Finanzamt

Zutreffendes bitte ankreuzen ☒!

☐ **Beilage zur Einkommensteuererklärung**

☒ **Erklärung über einheitlich und gesondert festzustellende Einkünfte nichtbuchführender Land- und Forstwirte für 1998**

Familien- und Vorname, genaue Anschrift

		Bitte deutlich schreiben!	Nur vom Finanzamt auszufüllen!
Aktenzeichen des Einheitswertbescheides ______		S	S
Eigenbesitz sowie mitbewirtschaftete Flächen des Ehepartners, von Kindern und sonstigen Verwandten in ha ______ gesamter Einheitswert	510	______	______
☐ **Zupachtung** ☐ Fruchtgenußrecht, Kulturgattung ______ von (Name, Anschrift) ______ ha ______ x Hektarsatz*) ______ = Einheitswert	511	+ ______	+ ______
Weitere Zupachtung, Kulturgattung ______ von (Name, Anschrift) ______ ha ______ x Hektarsatz*) ______ = Einheitswert	512	+ ______	+ ______
☐ **Verpachtung** ☐ Fruchtgenußrecht, Kulturgattung ______ an (Name, Anschrift) ______ ha ______ x Hektarsatz ______ = Einheitswert	513	– ______	– ______
Weitere Verpachtung, Kulturgattung ______ an (Name, Anschrift) ______ ha ______ x Hektarsatz ______ = Einheitswert	514	– ______	– ______
Einheitswert der selbstbewirtschafteten Fläche (Gesamteinheitswert) ...		______	______
Hievon ab: Nur auszufüllen, wenn der Gesamteinheitswert 900.000 S **nicht** übersteigt. a) Einheitswert der forstwirtschaftlich genutzten Fläche..............		– ______	– ______
b) 30% des Einheitswertes der alpwirtschaftlichen Fläche............		– ______	– ______
c) Einheitswert der weinbaulich genutzten Fläche .... (nur abziehen, wenn die weinbaulich genutzte Fläche 60 a übersteigt)		– ______	– ______
d) Einheitswert der gärtnerisch genutzten Fläche...................		– ______	– ______
Maßgebender Einheitswert für den Grundbetrag (GB) ...		______	______
Einheitswert der selbstbewirtschafteten Fläche **übersteigt nicht** 900.000 S **Grundbetrag** ___ % des maßgebenden Einheitswertes .... (Der Grundbetrag beträgt: -27% des maßgeblichen EW für den GB bei einem Gesamteinheitswert (Gesamt-EW) bis 200.000 S, -31% des maßgeblichen EW für den GB bei einem Gesamt-EW von mehr als 200.000 S aber höchstens 500.000 S und -35% des maßgeblichen EW für den GB bei einem Gesamt-EW von mehr als 500.000 S aber höchstens 900.000 S, sofern keine Teilpauschalierung freiwillig in Anspruch genommen wird.)		______	______
Einheitswert der selbstbewirtschafteten Fläche **übersteigt** 900.000 S oder der EW der selbstbewirtschafteten Fläche übersteigt 500.000 S und es wird wahlweise die Teilpauschalierung in Anspruch genommen. **Einkünfte:** 30% der Einnahmen (ohne die gesondert zu berücksichtigenden Beträge laut Rückseite)	515	______	______

*) Maßgeblich ist der Hektarsatz des Pächters

E 25 ÖSD 721173. - Mit Bewilligung des BM für Finanzen vom 19.7.1991, GZ 02 0256/176; IV/2/91, als amtlicher Vordruck anerkannt.

Bitte wenden!

E 25 - Seite 2 Steuer-Nr.

	Kennzahl	Bitte deutlich schreiben! S	Nur vom Finanzamt auszufüllen! S
(Grund-)Betrag laut Vorderseite			
a) Einkünfte aus Forstwirtschaft laut Komb 23 ...	516		
b) Einkünfte aus Waldverkäufen ...	517		
c) Einkünfte aus Weinbau laut Komb 24 ...	518		
d) Einkünfte aus Gartenbau laut Komb 25 ...	519		
e) Einkünfte aus Nebenerwerb, Be-und/oder Verarbeitung, Mostbuschenschank laut Komb 26 ...	520		
f) vereinnahmte Pachtzinse (Naturalleistungen des Pächters bitte auf einer Beilage angeben) ..	521		
g) Einkünfte aus Beteiligungen ...	522		
h) Einkünfte aus nichtlandwirtschaftlicher Nutzungsüberlassung von Grund und Boden (zB Schipisten) ...	523		
i) Ausschüttungen sowie Sachbezüge auf Grund eines Anteilsrechtes (zB aus Agrargemeinschaften); ist die Ausschüttung mit Körperschaftsteuer vorbelastet, ist der daraus resultierende Teil der Ausschüttung um 50% zu kürzen. Ein entsprechender Nachweis ist beizulegen ...	524		
i) Sonstige gesondert anzuführenden Einkünfte (zB Verkauf von Rechten, einmalige Entschädigungen) ...	525		
Zwischensumme 1	526	+	
Davon ab			
a) bezahlte Pachtzinse an ____	527		
b) bezahlte, **nur** die Land- und Forstwirtschaft betreffende Schuldzinsen (ohne Kapitalrückzahlungen) an (Name, Anschrift): ____	528		
c) Ausgedingelasten: *) Freie Station: Pauschale von 9000 S für ____ Personen	529		
oder tatsächliche Kosten laut beiliegender Aufstellung für ____ Personen	530		
Sonstige Sach- und Geldleistungen laut beiliegender Aufstellung ...	531		
d) Bezahlte Sozialversicherungsbeiträge und Beiträge zum Ausgleichsfonds für Familienbeihilfen des Steuerpflichtigen ...	532		
e) Absetzung für außergewöhnliche Ernteschäden und Viehverluste, sofern eine Abweichung von mehr als 25% des sonst im Durchschnitt der Jahre erzielten Normalertrages vorliegt und keine entsprechende Berücksichtigung im Einheitswert stattgefunden hat, und der Gesamteinheitswert unter 900.000 S liegt. ...	533		
Ich verweise auf meine Schadensmeldung vom ____ (Der Schaden ist laut Vereinbarung mit der Landwirtschaftskammer innerhalb von 3 Wochen zu melden. Eine Aufstellung über die Ernteschadens- bzw. Viehverlustberechnung ist beizulegen.) Zwischensumme 2 (höchstens jedoch Zwischensume 1)	534	–	
Einkünfte aus Land- und Forstwirtschaft ...			

Anteile am Gesamtbetrag der Einkünfte (nur auszufüllen, wenn mehrere Personen beteiligt sind)

Name und Anschrift der Beteiligten	Für die Einkommensteuerveranlagung zuständiges Finanzamt und Steuernummer	Anteil an den gemeinschaftlichen Einkünften		Besondere Vergütungen	Besondere Aufwendungen oder persönlich zu tragende Ausgaben	Gesamtbetrag
		%	S	S	S	S

Die Einkünfte aus Land- und Forstwirtschaft bzw. die entsprechenden Anteile sind in die Einkommensteuererklärung (E 1) zu übernehmen.

Ich versichere, daß ich die vorstehenden Angaben nach bestem Wissen und Gewissen r i c h t i g und v o l l s t ä n d i g gemacht habe. Mir ist bekannt, daß die Angaben überprüft werden und daß unvollständige oder unrichtige Angaben strafbar sind. Sollte ich nachträglich erkennen, daß die vorstehende Erklärung unrichtig oder unvollständig ist, so werde ich meiner Anzeigepflicht gemäß § 139 Bundesabgabenordnung unverzüglich nachkommen.

Datum, Unterschrift

*) Die geltend gemachten Beträge sind in gleicher Höhe bei der Einkommensermittlung des Ausgedingeempfängers anzusetzen.

An das Finanzamt	Steuernummer (bitte bei allen Eingaben anführen)	Referat
	Eingangsvermerk des Finanzamtes	

Sehr geehrte Steuerzahlerin! Sehr geehrter Steuerzahler!
Reichen Sie bitte diese Beilage vollständig ausgefüllt und unterschrieben gleichzeitig mit der Beilage zur Einkommensteuererklärung bzw. Feststellungserklärung (Vordruck E 25) beim Finanzamt ein. Für die sorgfältige Ausfertigung der Beilage dankt **Ihr Finanzamt**

Beilage zur Einkommensteuer- bzw. Feststellungserklärung für nichtbuchführende Weinbauern für 1998

Familien- und Vorname und genaue Anschrift

Größe der selbstbewirtschafteten Weingärten: (Eigenbesitz einschließlich Zupachtungen abzüglich Verpachtungen)	ha	a	Einheitswert S
davon tragfähig	ha	a	
davon nicht tragfähig	ha	a	wegen

Ernte im Herbst 1998:	Trauben	kg
	Maische	l
	Süßmost	l
	Wein	l

Zukauf (insgesamt)

Trauben	kg	S
Maische	l	S
Süßmost	l	S
Wein	l	S

Davon
Zukauf für den Buschenschank

Trauben	kg	S
Maische	l	S
Süßmost	l	S
Wein	l	S

Weiterer Zukauf für Buschenschank:

Sonstige Getränke (zB Mineralwasser, Fruchtlimonade)	S
Speisen, Buffetwaren, Tabakwaren	S

Vorrat an Wein: am 1. Jänner 1998	l	am 31. Dezember 1998	l
Vorrat an Süßmost: am 1. Jänner 1998	l	am 31. Dezember 1998	l

Komb 24 ÖSD 721173. - Mit Bewilligung des BM für Finanzen vom 19.7.1991, GZ 02 0256/176; IV/2/91, als amtlicher Vordruck anerkannt.

Ermittlung der Einkünfte aus Weinbau: **Betriebseinnahmen** (einschließlich Umsatzsteuer und Getränkesteuer) aus	Betrag in S	Nur vom Finanzamt auszufüllen
● Bouteillenweinverkauf		
Bouteillenverkauf an Letztverbraucher .... ______ l insgesamt	+	
Bouteillenverkauf an Wiederverkäufer .... ______ l insgesamt	+	
● Buschenschank		
Buschenschank Wein/Sturm .... ______ l insgesamt	+	
Buschenschank Süßmost .... ______ l insgesamt	+	
Mineral- und/oder Sodawasser .... ______ l insgesamt	+	
sonstige Getränke .... ______ l insgesamt	+	
Speisen, Buffetwaren, Tabakwaren	+	
anderen Einnahmen aus Buschenschank	+	
● Sonstigen Einnahmen (soweit diese Einnahmen nicht bereits unter Buschenschank/Bouteillenweinverkauf erfaßt sind). Nicht auszufüllen, wenn der Einheitswert 900.000 S nicht übersteigt und die Weinbaufläche 60 a unterschreitet		
Traubenverkauf .... ______ kg insgesamt	+	
Maischeverkauf .... ______ l insgesamt	+	
Sturm-/Mostverkauf .... ______ l insgesamt	+	
Gebinde-/Weinverkauf .... ______ l insgesamt	+	
Flaschenweinverkauf an Letztverbraucher .... ______ l insgesamt	+	
Flaschenweinverkauf an Wiederverkäufer .... ______ l insgesamt	+	
An-, Ergänzungs- und Restzahlungen von Genossenschaften, Weinhändlern usw.	+	
Eigenverbrauch an Wein/Most/Sturm .... ______ l insgesamt	+	
Hagelentschädigung (Brutto-Entschädigung für Weingärten)	+	
● Andere Einnahmen aus Weinbau	+	
Summe der Betriebseinnahmen	0	
Betriebsausgaben 70 % der Betriebseinnahmen mindestens 60.000 S X weinbaulich genutzter Fläche ha (höchstens Summe der Betriebseinnahmen) =	–	
Einkünfte aus Weinbau		

Ich versichere, daß ich die vorstehenden Angaben nach bestem W i s s e n und G e w i s s e n richtig und vollständig gemacht habe. Mir ist bekannt, daß die Angaben überprüft werden und daß unrichtige oder unvollständige Angaben strafbar sind.

Steuerliche Vertretung (Name, Anschrift, Telefonnummer)

Datum und Unterschrift

Steuernummer	Referat

An das Finanzamt

____

____

____

____

Eingangsvermerk des Finanzamtes

Antrag auf Vergabe einer Umsatzsteuer-Identifikationsnummer

Name bzw. Firmenbezeichnung und Ort der Leitung des Unternehmens	Telefonnummer
	Telefaxnummer

Zutreffendes bitte ankreuzen ☒!

Ich beantrage die Vergabe einer Umsatzsteuer-Identifikationsnummer, da ich voraussichtlich Umsätze aus innergemeinschaftlichen Lieferungen bzw. innergemeinschaftlichen Erwerben erzielen werde.
Unternehmer, die ausschließlich Umsätze ausführen, die zum Ausschluß vom Vorsteuerabzug führen bzw. die ihre Umsätze ausschließlich gemäß § 22 UStG 1994 versteuern sowie juristische Personen, die nicht Unternehmer sind, erklären weiters, daß die Umsatzsteuer-Identifikationsnummer benötigt wird, weil

☐ die innergemeinschaftlichen Erwerbe im vorangegangenen Kalenderjahr 150.000 S (Erwerbsschwelle) überstiegen haben bzw. diesen Betrag im laufenden Kalenderjahr voraussichtlich übersteigen werden,

☐ neue Fahrzeuge oder verbrauchsteuerpflichtige Waren erworben werden,

☐ auf die Erwerbsschwelle verzichtet wird (schriftliche Verzichtserklärung ergeht gesondert),

☐ (ausgenommen juristische Personen, die nicht Unternehmer sind) innergemeinschaftliche Lieferungen ausgeführt werden.

Steuerliche Vertretung (Name, Anschrift, Telefon/Telefaxnummer)

____

Datum und Unterschrift bzw. firmenmäßige Zeichnung

Nur vom Finanzamt auszufüllen!

1. Veranlagungsleitstelle:

Zutreffendes ist anzukreuzen ☒!

☐ Es wurde eine Umsatzsteuer-Identifikationsnummer vergeben.

☐ Es wurde keine Umsatzsteuer-Identifikationsnummer vergeben. Bescheid Verf 36 ausgefertigt.

2. Referat ________________

Zur Ablage im Veranlagungsakt.

____

Datum, Handzeichen

U 15 FLD. f. Wien, NÖ u. Bgld. - 11. 94. (Neuaufl.) - ÖSD. 945205 fsd/pscr

Telefonnummer des UID-Büros
0660-5310
Telefaxnummer des UID-Büros
0660-5012

Umsatzsteuer-Identifikationsnummer des anfragenden Unternehmens AT U

FA-Nr. Steuernummer

An das
UID-Büro des
Bundesministeriums für Finanzen
Erdbergstraße 192 - 196
A-1034 Wien

Eingangsvermerk

Bestätigung einer Umsatzsteuer-Identifikationsnummer

Name bzw. Firmenbezeichnung und Ort der Leitung des anfragenden Unternehmens	Telefaxnummer
	Telefonnummer

☐ Stufe 1: Zutreffendes bitte ankreuzen ☒!

Es wird um Mitteilung ersucht, ob folgende UID-Nummer gültig ist:

Länder-kenn-zeichen	UID-Nummer des Erwerbers/Auftraggebers/Auftragnehmers/Empfängers im anderen Mitgliedstaat

☐ Stufe 2:

Es wird um Mitteilung ersucht, ob die angeführte UID-Nummer in Verbindung mit den Daten des Inhabers gültig ist:

Name bzw. Firmenbezeichnung und Anschrift des Erwerbers/Auftraggebers/Auftragnehmers/Empfängers im anderen Mitgliedstaat

Achtung: Beim Bestätigungsverfahren **über die Gültigkeit einer UID-Nummer in Verbindung mit den Daten des Inhabers** (Stufe 2) kann es auf Grund der dazu erforderlichen Prüfungen zu längeren Antwortzeiten kommen.

Datum und Unterschrift bzw. firmenmäßige Zeichnung

Bestätigung des UID-Büros

Über Anfrage wird bestätigt, daß die angeführte

Umsatzsteuer-Identifikationsnummer im anderen Mitgliedstaat	☐ gültig ist.	☐ nicht gültig ist.
Umsatzsteuer-Identifikationsnummer in Verbindung mit den Daten des Inhabers (Stufe 2)	☐ gültig ist.	☐ nicht gültig ist.
Umsatzsteuer-Identifikationsnummer des anfragenden Unternehmens		☐ nicht gültig ist.

Datum und Unterschrift

Gedruckt auf chlorfrei gebleichtem Papier - Ein Beitrag zum Umweltschutz!

U 16 FLD. f. Wien, NÖ u. Bgld. - 11. 94. (Neuaufl.) - ÖSD. 945311 fsd/pscr

Begleitpapier für die Beförderung von Erzeugnissen des Weinbaus

Verordnung (EWG) Nr. 2238/93

ORIGINAL

DEM EMPFÄNGER AUSZUHÄNDIGENDES BEGLEITDOKUMENT DER ERZEUGNISSE

1. Versender (Name und Adresse)	BH | Laufende Nummer 0017304 | Jahr < 2. Bezugsnummer
	4. Zuständige Behörde für den Versandort (Bezeichnung und Anschrift)
3. Empfänger (Name und Adresse)	6. Datum des Versands
	7. Ort der Lieferung
5. Beförderer und andere Angaben zur Beförderung	
8. Bezeichnung des Erzeugnisses	9. Menge
10. Zusätzliche durch den Versendermitgliedstaat vorgeschriebene Angaben	
11. Bescheinigungen (für bestimmte Weine)	
12. Kontrollvermerk der zuständigen Behörde	Firma des Unterzeichners (mit Telefonnummer)
	Name des Unterzeichners
	Ort, Datum
	Unterschrift

St. Dr. Lager-Nr. 162. - Österreichische Staatsdruckerei, Verlag. 521848 dfp/r

EUROPÄISCHE GEMEINSCHAFT
VERBRAUCHSTEUERPFLICHTIGE WAREN

BEGLEITENDES VERWALTUNGSDOKUMENT

1

Ausfertigung für den Versender

1 Versender

2 Verbrauchsteuernummer des Versenders

3 Bezugsnummer

4 Verbrauchsteuernummer des Empfängers

5 Rechnungsnummer

6 Rechnungsdatum

7 Empfänger

7 a Ort der Lieferung

8 Zuständige Behörde am Abgangsort

9 Beförderer

10 Sicherheitsleistung

11 Sonstige Angaben zur Beförderung

12 Abgangsland

13 Bestimmungsland

14 Steuerlicher Beauftragter

15 Abgangsort

16 Versanddatum

17 Beförderungsdauer

1

18 a Zeichen, Anzahl und Art der Packstücke, Warenbeschreibung

19 a Warencode (KN-Code)

20 a Menge

21 a Rohgewicht (kg)

22 a Eigengewicht (kg)

18 b Zeichen, Anzahl und Art der Packstücke, Warenbeschreibung

19 b Warencode (KN-Code)

20 b Menge

21 b Rohgewicht (kg)

22 b Eigengewicht (kg)

18 c Zeichen, Anzahl und Art der Packstücke, Warenbeschreibung

19 c Warencode (KN-Code)

20 c Menge

21 c Rohgewicht (kg)

22 c Eigengewicht (kg)

23 Bescheinigungen (bestimmte Weine und Spirituosen, kleine Brauereien und Brennereien)

A Kontrollvermerk der zuständigen Behörde

Fortsetzung auf der Rückseite (Ausfertigungen 2, 3 und 4)

24 Für die Richtigkeit der Angaben in Feld 1—22

Firma des Unterzeichners (mit Telefonnummer)

Name des Unterzeichners

Ort, Datum

Unterschrift

VSt 1 F.L.D. f. Wien, NÖ u. Bgld. — 1. 95 (Neuaufl.) — BMF 32 244. — ÖSD. 946067 df/o

EUROPÄISCHE GEMEINSCHAFT
VERBRAUCHSTEUERN

VEREINFACHTES BEGLEITDOKUMENT
INNERGEMEINSCHAFTLICHE BEFÖRDERUNG VON WAREN DES STEUERRECHTLICH FREIEN VERKEHRS

1 — **Ausfertigung für den Lieferer** — **1**

1 Lieferer ☐ (Name und Adresse) — MwSt.-Nummer

2 Bezugsnummer des Lieferers

3 Zuständige Behörde des Bestimmungslandes (Bezeichnung und Anschrift)

4 Empfänger (Name und Adresse) — MwSt.-Nummer

5 Beförderer/Beförderungsmittel

6 Bezugsnummer und Datum der Anmeldung bei der zuständigen Behörde des Bestimmungslandes

7 Ort der Lieferung

8 Zeichen, Anzahl und Art der Packstücke, Warenbeschreibung

9 Warencode (KN-Code)

10 Menge

11 Rohgewicht (kg)

12 Eigengewicht (kg)

13 Rechnungspreis/Warenwert

14 Bescheinigungen (bestimmte Weine und Spirituosen, kleine Brauereien und Brennereien)

A Kontrollvermerk der zuständigen Behörde

Fortsetzung auf der Rückseite (Ausfertigungen 2 und 3)

15 Für die Richtigkeit der Angaben in Feld 1—13:
Rücksendung der Ausfertigung 3 gewünscht: Ja ☐ Nein ☐ *)

Firma des Unterzeichners (mit Telefonnummer)

Name des Unterzeichners

Ort, Datum

Unterschrift

*) Zutreffendes ankreuzen.

VSt 2 F.L.D. f. Wien, NÖ u. Bgld. — 1. 95 (Neuaufl.) — BMF 32 244. — ÖSD. 946068 dt/o